図解 証拠は語る！〝真実〟へ導く！

科学捜査

法科学鑑定研究所 代表

山崎 昭 監修

Akira Yamazaki

身元不明の頭蓋骨から
生前の顔を復元する!

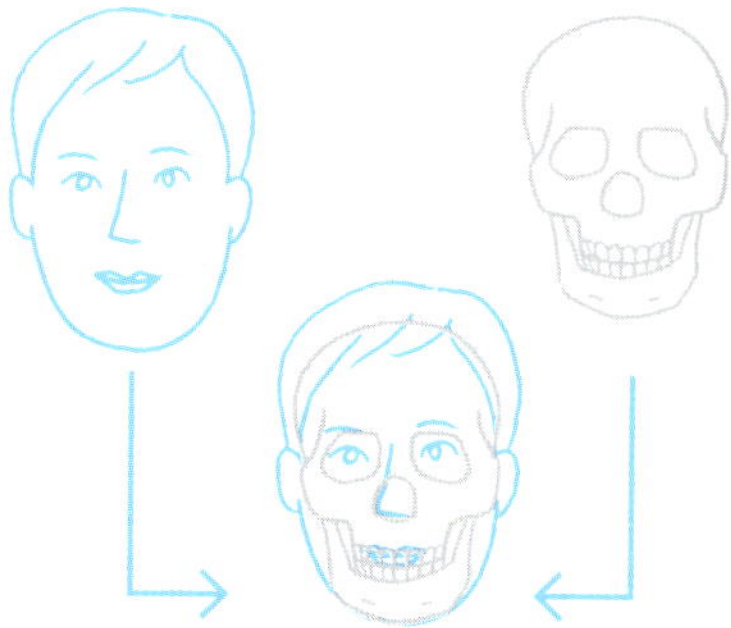

〝見えない〟指紋から
犯人を見つけ出す!

犯罪捜査を変えた!
画像認識システム

驚異の識別能力を
発揮するDNA型鑑定

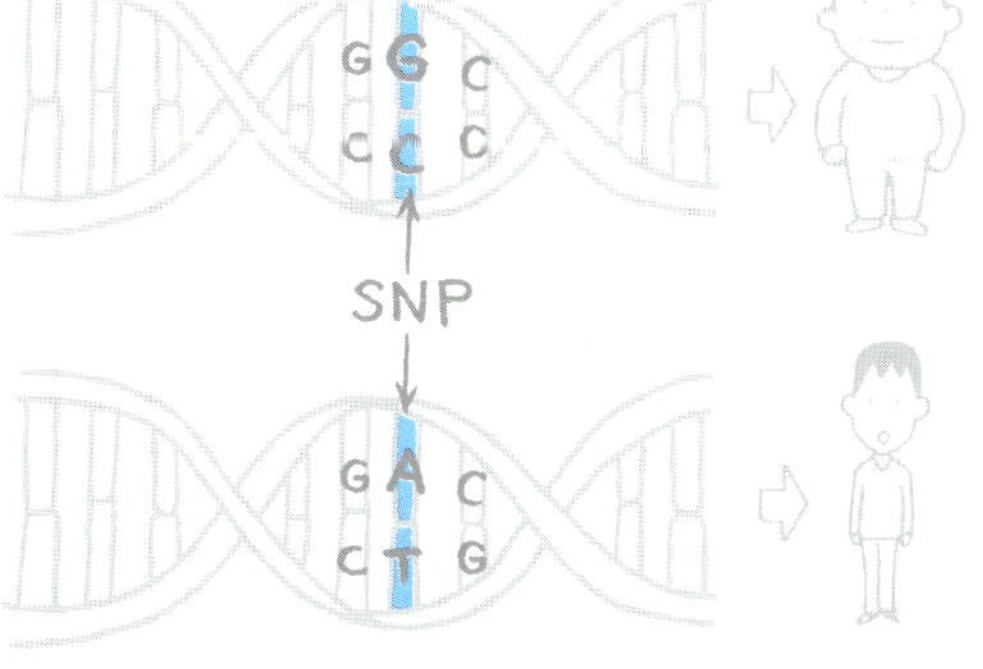

日本文芸社

はじめに

科学的証拠は嘘をつかない

最先端の科学を科学捜査や真実解明に用いるのが「法科学」です。

『「法科学」(Forensic Science) とは、自然科学の理論と技術を犯罪捜査に適用し、裁判官が法廷において〝有罪か無罪か〟を裁定するために貢献する学問である』と定義づけたのは、元科学警察研究所副所長・瀬《せ》田《た》季《すえ》茂《しげ》先生です。

先を進んでいた欧米では法医学、法科学などの科学技術を、いち早く採用しより多くの犯罪者を検挙していきました。自白偏重《へんちょう》だった日本の警察捜査も、科学的証拠での立証を目指し、戦後に多くの研究者たちがたゆまぬ努力をし、欧米に肩を並べる成果を上げるレベルに達してきました。

そして、それは現在、民間レベルまでその恩恵を受け、民事事案の裁判にも、科学鑑定が求められるようになり、裁判の裁定にも多くの成果を上げるまでになってきました。

それを加速させたのが、パーソナルコンピュータの出現でした。多くの検査例や大量のデータ保存によりライブラリーが構築され、ひとつの事象が何に相当するのか瞬時に求めることができるようになってきたのです。

さらに、ＤＮＡの発見はその能力の高さに驚愕《きょうがく》を覚え、指紋以来の個人識別の王者へと駆《か》け上がってきました。その精度は、約４兆７千億人にひとりを識別できる能力があり、さらに最新の試薬を使うことで京《けい》や垓《がい》の値を凌駕《りょうが》してきています。しかし、王者の座を奪《うば》われた感のある指紋も、今まで読み取れなかった指紋の特徴点が、最新の画像解析技術を駆使《くし》して読み取れるようになってきました。

過去のコールドケース（未解決犯罪）の解決にＤＮＡと指紋鑑定が大きな力を発揮することにより、凶悪犯の時効撤廃、検挙そして解決へと進むことになります。さらに今後の事件への対応は、より科学的に迅速《じんそく》にそして確実に多くの犯罪に対応していくことになります。科学的証拠は嘘をつきません。

本書では、現在犯罪捜査の主流となっているが、指紋、ＤＮＡ、画像解析から偽造文書、交通事故、最近頻発するサイバー犯罪、薬物犯罪までの科学捜査の手法を紹介しています。いつ自身の身に降りかかるかもしれない犯罪に対して、ほんの微細なものでも、決定的な証拠になると認識してほしいと思います。

また最近では、鑑識や科捜研などをテーマにしたドラマが、脚光を浴びています。今までのヒューマンな物語だけでなく、そこに「科学」という調味料を加えることにより、一層深みのあるドラマに仕上がっていると聞きます。本書を科学捜査の解説書的に活用しても、今まで以上に楽しめるのではないでしょうか。

山﨑　昭

目次

第6章 突然巻き込まれる火災・交通事故鑑定

第7章 多発する脅威 乱用薬物・毒物鑑定

第8章 これからの科学捜査

序章

死体が語る事件の全貌

死体から何がわかるか？

まずは自殺か他殺かを見きわめる

科学捜査の手法は、起こった犯罪によって異なります。殺人、死体損壊《そんかい》・遺《い》棄《き》、傷害、暴行、窃盗、強盗、略取、誘拐など、犯罪はさまざまです。

特に、**変死体からはまずは自殺なのか、他殺なのか、それとも病死なのかなどを見きわめなくてはならないのです。**ＤＮＡ型鑑定の精度は「人《じん》智《ち》を超えた神の眼」とまでいわれるほどの進歩を遂げていますが、死体やＤＮＡ型鑑定だけですべてがわかるとは限らないのです。鑑定をする前に、自殺か他殺か病死かという判断を誤ると、事件そのものが解決できないばかりでなく、他殺の場合、次の被害者が出てしまうという残念な結果になってしまいます。テレビなどで「**検死**（検視）」という言葉をよく耳にしますが、この検死（死体検案）は医師が法医学的知見に基づいて、死体を外表から検査する行為で、医師の立会いのもと司法警察員などが代行して行う行為を「検視」といいます。この検視で死因や死亡時刻の推定を行い、検死による死体検案書や検視による死体見分調書が自殺か他殺かの判断材料のひとつになります。

法医解剖のうち、殺人などの犯罪性がある場合は「**司法解剖**」が実施されますが、変死体の多くは解剖を実施しないケースがほとんどです。

実際に日本の警察庁が発表した異状死体のうちで法医解剖にまわされたのは11・2％（平成24年発表）と低く、日本は偽装殺人の天国ともいわれています。ちなみに、世界で1番異状死体解剖率の高いのはスウェーデンの89・1％です。**犯罪の解明には科学捜査の最新技術の法科学と変死体の司法解剖などの法医学の両輪が大切です。**

検死（検視）で何がわかるか

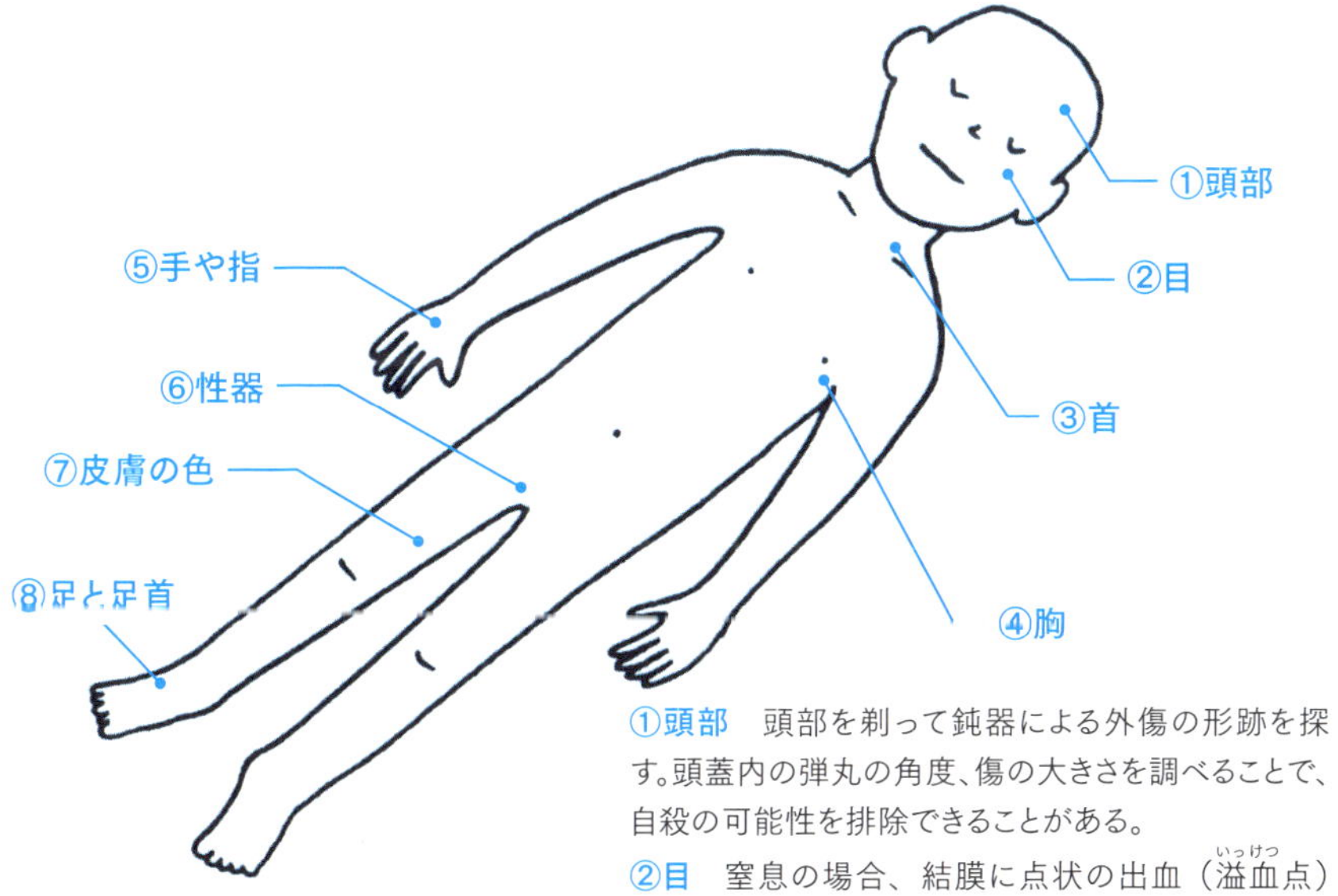
①頭部
②目
③首
④胸
⑤手や指
⑥性器
⑦皮膚の色
⑧足と足首

①頭部　頭部を剃って鈍器による外傷の形跡を探す。頭蓋内の弾丸の角度、傷の大きさを調べることで、自殺の可能性を排除できることがある。

②目　窒息の場合、結膜に点状の出血（溢血《いっけつ》点）が認められることがある。

③首　索痕《さっこん》の確認。手や腕で絞め殺すことを扼殺《やくさつ》、紐やコードを使うことを絞殺《こうさつ》といい、特定の索痕が見られる。絞殺の際、被害者の首に見られるひっかき傷である・吉川線《よしかわせん》や扼殺の場合、舌骨《ぜっこつ》（のど仏の上のU字型の骨）が折れることもある。

④胸部　胸部や肋骨に見られる切り傷や弾丸の穴は、凶器の種類や犯人の利き腕などの特徴につながる。

⑤手や指　身を守ったときの、細かい切り傷（防御創）は凶器の特定につながる。被害者が抵抗していれば、爪と指の間から加害者の皮膚片（DNA）が得られるケースもある。

⑥性器　不自然な傷が無いかを調べ、強姦殺人が疑われるときは体液を採取する。

⑦皮膚の色　一酸化炭素中毒やシアン化物の中毒は真っ赤な血管が皮膚から透けて見えてくることもある。チアノーゼ（青紫の皮膚）が見られる場合は窒息の状態にあったと考えられる。死斑やあざの確認も行う。

⑧足と足首　この部分に腫《は》れが見られるのは、慢性心不全などの心臓疾患が考えられる。

現場検証で自殺と判断する3大ポイント

- 死体のある現場が密室である。
- 現場に争った様子が見られない。
- 遺書が残されている。

現場を見ただけで
だいたい自殺か他殺かが
わかるよ！

死亡時刻はどうしてわかる？

体温降下、死斑《しはん》、死後硬直などで判断

殺人事件の捜査をするうえで重要なのは、死亡時刻です。死亡時刻を割り出すことで、事件が起こった時間がわかるのです。この死亡時刻を割り出したうえで、目撃情報を収集し、被疑者のアリバイを確認するのです。では、死亡時刻はどのように推定するのでしょうか。

それは「死体現象」という人間が死んでから始まる肉体の変化を検死や司法解剖によって調べ、そこから逆算することで割り出します。

大きな手がかりは「**体温降下**」です。死後、毎時約1℃ずつ低下し、10時間以後は毎時0・5℃ずつ降下していくといわれています。年齢、体格、外気温や環境によって差がでるので、法医学では直腸温を2回以上測定するのを原則としています。

目の角膜は最も乾燥の影響を受けやすく、死亡後、透き通った状態から徐々に不透明に濁《にご》ってくるのでその「**角膜の混濁《こんだく》度**」でも死亡時刻を推定できます。角膜混濁は死後6時間後から始まり、1～2日後に強く濁ります。

血液の循環が止まることで体の低位部に血液がたまって皮膚が暗紫赤色に変色する「**死斑**」は、死後30分ほどで出始め、2～3時間ではっきりと表れ12～15時間で最高に達します。筋肉が収縮する「**死後硬直**」は約2時間後から始まります。通常、下顎、項部（首の後面）、体幹部、上肢、下肢の各関節の順で進み、12～15時間で最高に達し、2日前後で緩解《かんかい》します。

時間が経つと死体は融解《ゆうかい》と腐敗が進んで地上では約1年、土中では3～4年でほぼ白骨化します。死後経過年数を骨の組織構造で調べることも可能です。

死亡時刻を推定する要因

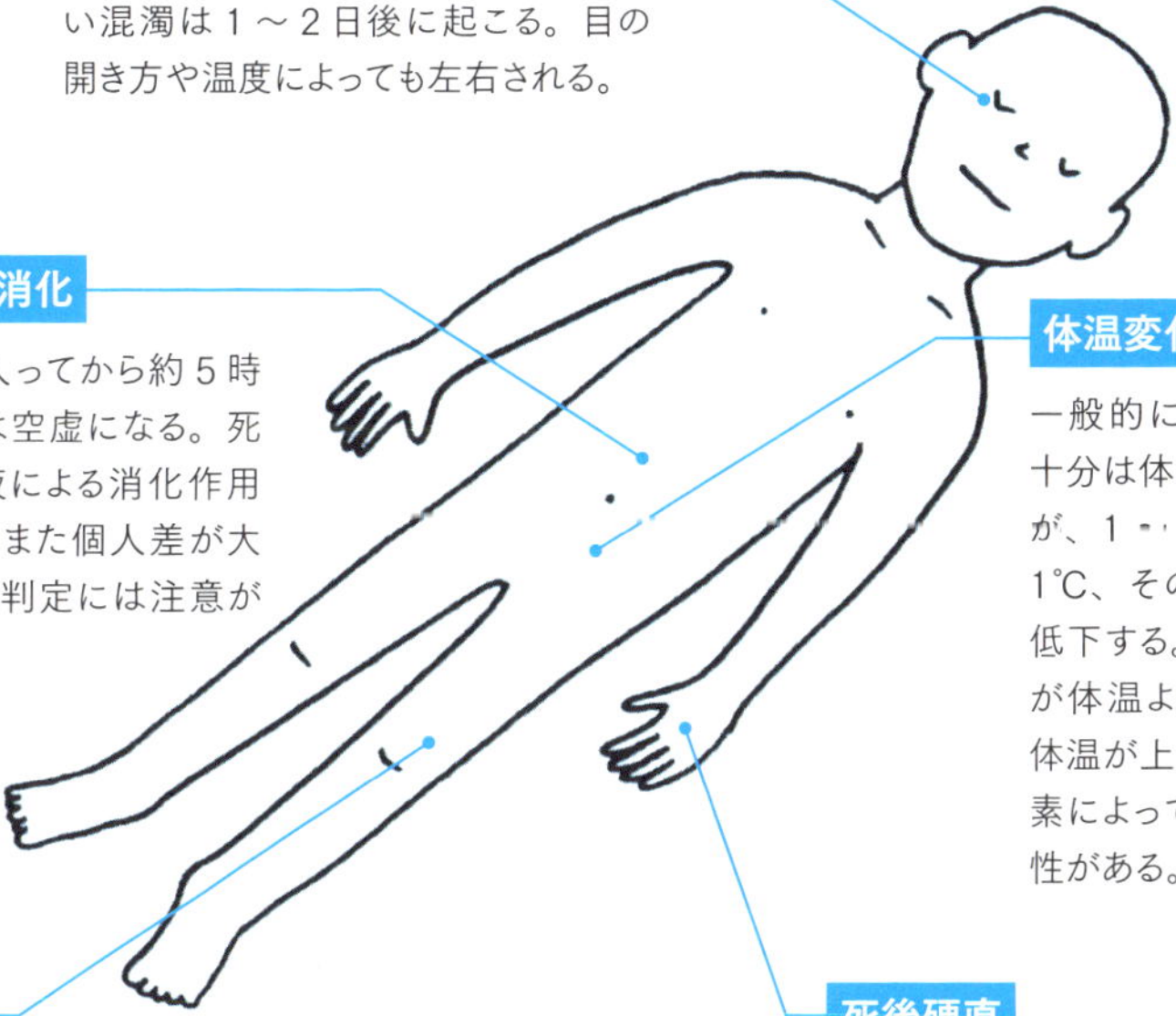

角膜の混濁

混濁が始まるのは死後6時間後、強い混濁は1～2日後に起こる。目の開き方や温度によっても左右される。

食物の消化

食物が入ってから約5時間で胃は空虚になる。死後も胃液による消化作用を受け、また個人差が大きいため判定には注意が必要。

体温変化

一般的には死亡後、数十分は体温は維持されるが、1～10時間までは1℃、その後0.5℃ずつ低下する。しかし、気温が体温より高い場合は、体温が上がるなど環境要素によって変化する可能性がある。

死斑

血液の流れが止まって、体の低いほうに流れ、皮膚を通して観察される現象。30分ほどで現れ、12～15時間後に完成する。死斑の色などで死亡体位や死因なども推定される。

死後硬直

硬直は通常12～15時間で最も強くなり、2日前後で解けると考えられている。環境温度が高いほど、硬直の発現は早く、かつ持続時間も短い。

死体現象の進行は、
環境や個体差が大きく影響するよ！

晩期の死体現象

自家融解と腐敗

死後の体内の酵素による細胞分解現象（自家融解）と体内や周辺環境のバクテリア、カビによる分解現象（腐敗）により、死体は分解される。

＊自家融解と腐敗は一般的に共存して進行する。

↓

白骨化

地上では1年、土中では3～4年でほぼ白骨化する。

白骨死体から身元を確認する方法

頭蓋骨と骨盤で性別を判定

白骨死体から性別を見分けるポイントは20ヵ所以上もありますが、**特に頭蓋骨と骨盤に集中しています**。例えば、脳が収められている空間をつくる脳頭蓋《のうとうがい》で比較してみると、男性は頭頂部が発達した型（頭頂型）で、女性は前頭骨が発達し突出した型（前頭型）です。また、男性の頭蓋骨はより強固で凸凹でごつごつした感じなのに対し、女性は繊細で凸凹が少ないのです。この他、眉弓《びきゅう》や眉間、乳様突起、下顎骨《かがくこつ》、側頭骨の頬骨突起後根部、頬骨弓部などで差が見られます。頭蓋骨による性別判定の正解率は約90％といわれています。

骨盤は、頭蓋骨よりも性差が顕著です。男性の骨盤は、全体的に頑強で骨の厚さもあり、高さもあり幅が狭い形をしています。骨盤縁(骨盤上口)はハート形をしており、女性と比べるとより小さくできています。一方、女性の骨盤は、男性よりも骨の厚さが薄く、高さが低く幅が広い形態をして、骨盤縁は卵円形でより大きくなっています。幅広い形態をしているため、恥骨弓《ちこつきゅう》（恥骨下角）は女性のほうは90度以上でU字型をしています。

坐骨と恥骨に囲まれた閉鎖孔《へいさこう》は、男性は円型、女性は三角形であり、骨盤上部にある仙骨を前から見ると、男性は幅が狭く長く、女性は幅が広く短くなっています。また、頭蓋骨のつなぎ目（縫《ほう》合《ごう》）を見ると、±10歳程度の推定幅で推定が可能です。恥骨の結合面や歯の摩耗《まもう》など、できる限り多くの骨から総合的に年齢を推定します。

身長は、上腕骨や大腿骨の手足を構成している長管骨《ちょうかんこつ》から統計的に割り出した身長推定式によって推定することができます。

骨から身元を調べる

性別

頭蓋骨による違い（全体的に男性は大きい）

①脳頭蓋　男性は頭頂部が発達していて、女性はおでこの骨（前頭骨）が突出している。

②眉弓　眉のところの弓状の骨が、男性は尖《とが》っており、女性は尖っていない。

③乳様突起　側頭骨の後下方部にある乳様突起が、男性は大きく尖っているが女性は小さい。

④下顎骨　男性は直線状でゴツゴツしているが、女性は丸みを帯びている。

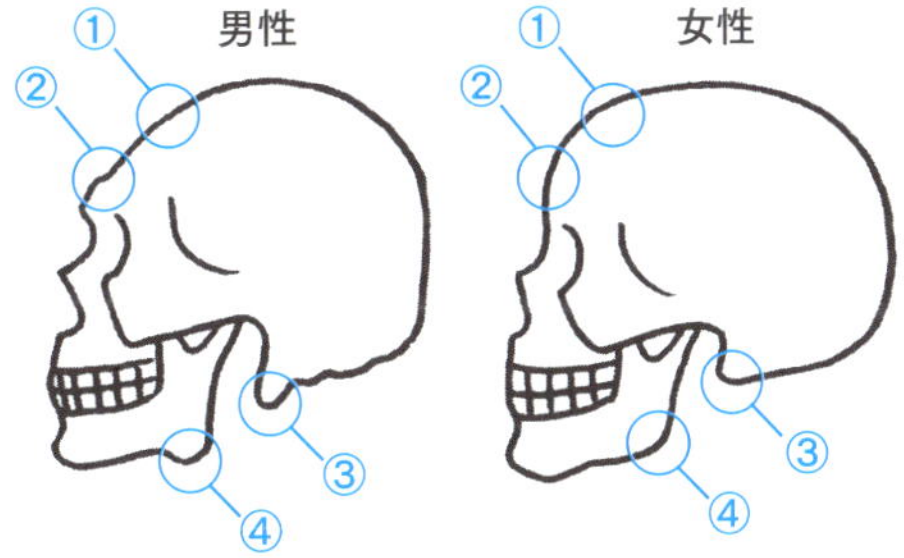

骨盤の形による違い

①骨盤縁（骨盤上口）　男性は狭くハート形をしているが、女性は広くて卵円形をしている。

②恥骨下角　男性は鋭角的なV字型で、女性は鈍い弓形でU字型となっている。

③仙骨　前から見て男性は幅が狭く、女性は広い。長さは男性のほうが長い。

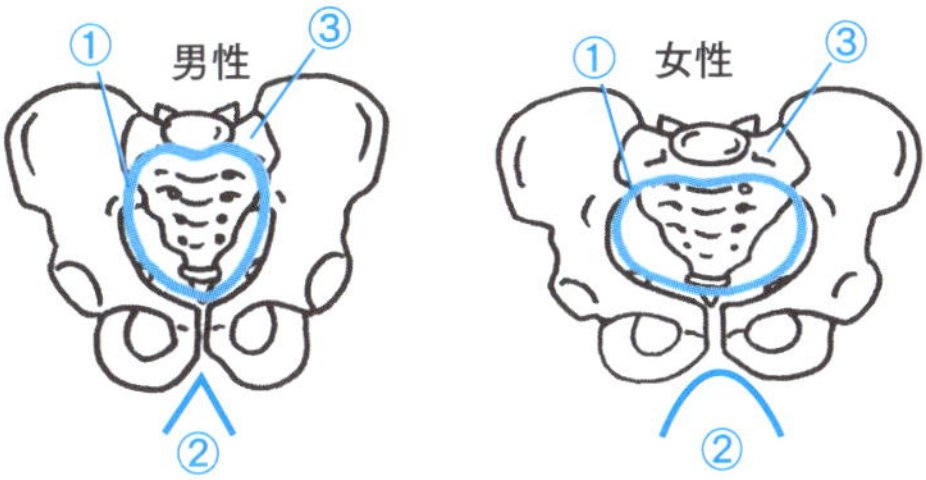

年齢

頭蓋骨の縫合の違い

誕生時の人の頭頂は45の骨片に分かれていて加齢とともにその縫合（①矢状縫合、②冠状縫合など）は癒合《ゆごう》する。この度合から年齢を推定することができる。ちなみに新生児には大泉門があるが2歳前後に完全に閉鎖することが多い。

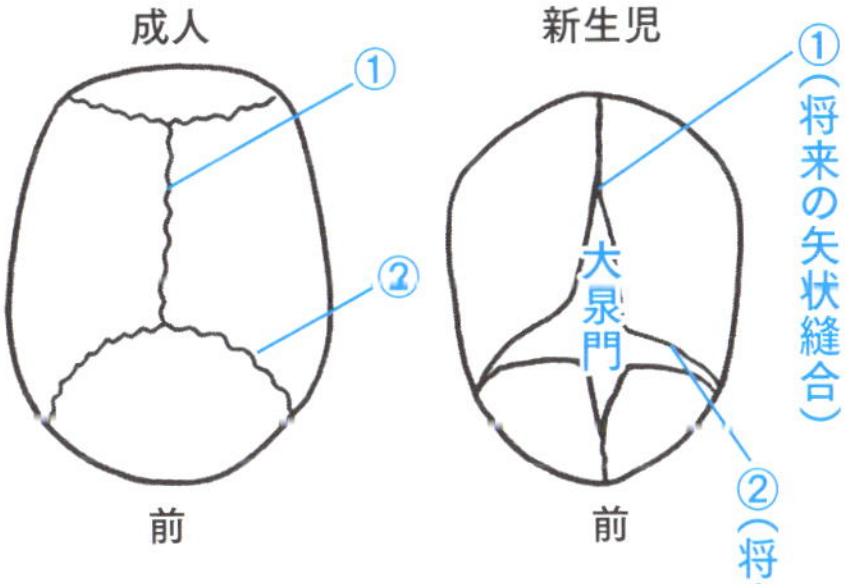

身長

上腕骨や大腿骨などの比較的長い骨から、身長を算出する。下肢で測る方法が一番正確とされている。また、生まれたときの骨端線は20～24歳でくっつくとされている。

推定身長（㎝）=81.036+1.880×大腿骨最大長（㎝）

※カール・ピアソンの身長推定式

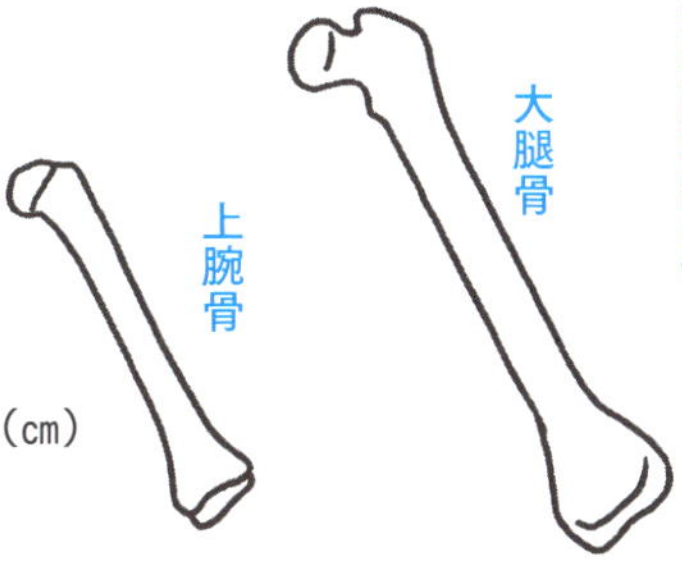

頭蓋骨から生前の顔を復元する

コンピュータ使用のスーパーインポーズ法

白骨死体の身元確認の方法は大きく2通りあります。ひとつ目は白骨死体から該当者が見つかった場合に人物の顔写真やX線写真と白骨死体の頭蓋骨の特徴を比較して、同一人物であるかどうかの確認作業を行う方法です。

現在では「**3Dスーパーインポーズ法**」という方法が主に行われています。ビデオカメラで撮影した頭蓋骨の情報を取り込んだり、CTスキャンしたりして、モニター上で照合する方法で、頭蓋骨を方向転換したり大きさを自由にコントロールしたり、皮膚や筋肉の厚さまで正確に測定できるので照合の精度は非常に高い方法です。

3Dスーパーインポーズ法の前には、スーパーインポーズ法という手法が用いられていました。**身元不明の頭蓋骨と該当者の肖顔写真を重ね合わせて、輪郭や眉、眼窩、鼻、口唇など18ヵ所の位置関係を比較する鑑定法です。**

スーパーインポーズ法は約85年ほど前から行われていて、コンピュータの進化とともに精度も急速に上がってきている科学捜査技術です。

2つ目は**該当者が見つからない白骨死体の場合は頭蓋骨から生前の顔貌を復顔します**。統計学データに基づき粘土で肉づけして立体的に復元する方法と、コンピュータによる方法がありますが、この場合は皮膚の色やしわ、年齢別の変化を表すこともでき、多彩なバリエーションを表現することが可能です。

その他、X線写真やCTスキャンした3D画像から、眉間の辺りの前頭洞《ぜんとうどう》の形態を比較する、「**前頭洞指紋法**」も精度の高い個人識別法です。

頭蓋骨から顔を復元する

◆画像を重ねて本人を特定するスーパーインポーズ法

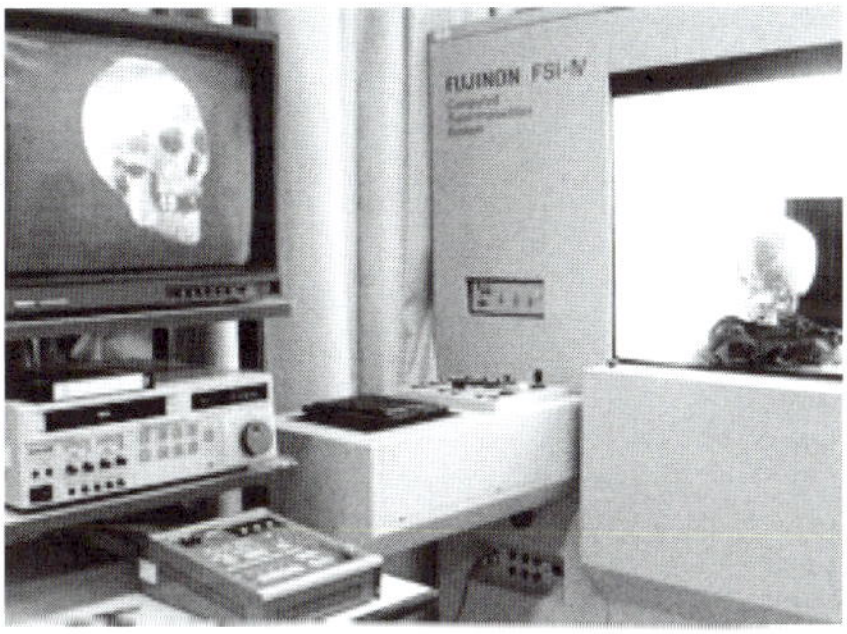

コンピュータ支援型スーパーインポーズシステム
出典：科学警察研究所ウェブサイト

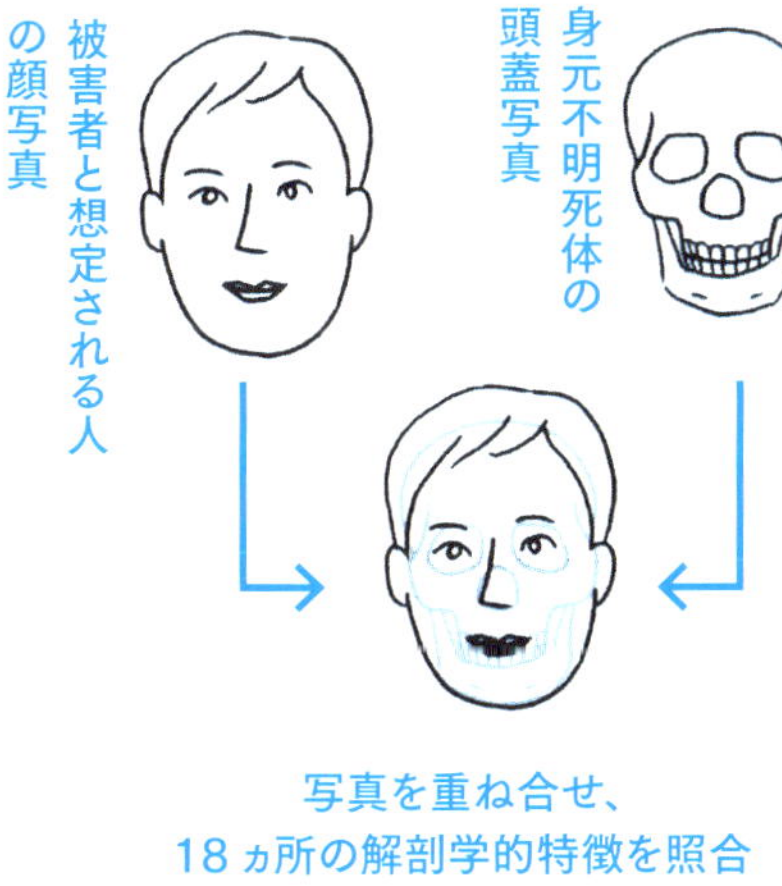
身元不明死体の頭蓋写真
被害者と想定される人の顔写真
写真を重ね合せ、
18ヵ所の解剖学的特徴を照合

◆その他の鑑定法

○復顔法

身元不明白骨死体の頭蓋に粘土などで肉づけを行って、生前の顔を復元する。

白骨死体からでも、
高い精度で個人識別
ができるんだ！

○前頭洞指紋鑑定

白骨死体のX線撮影を行い、該当者の生前のX線写真との形態比較により、個人識別を行う。特に眉間の部分前頭洞は個人差があるので、この部分の照合は精度が高い。

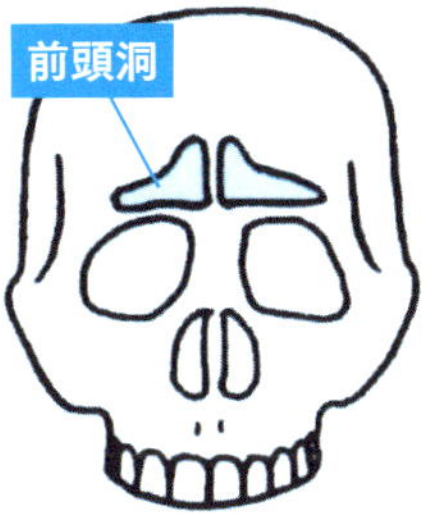
前頭洞

いろいろ分かれている科学捜査機関

鑑識と科《か》捜《そう》研《けん》、科《か》警《けい》研《けん》

科学捜査の役割は、犯人の自白以外に、犯行を明らかにする証拠を見つけることです。

通常、物的証拠の鑑定は、都道府県警察の「**鑑識課**」や「**科学捜査研究所（略称・科捜研）**」で行われます。鑑識課は、指紋や足跡などの証拠を扱い、警察犬を使った捜査も担当していますが、鑑定できない高度なものについては、専門家が所属している科捜研に送られ分析が進められます。**科捜研は証拠品の科学鑑定と鑑定方法の研究を行う機関であり、ＤＮＡ型、文書、音声、薬物、毒物など多くの科学鑑定を行っています。**また、司法解剖は、大都市などに設置されている監察医務院や医学大学院の法医学教室で行われています。

科捜研では扱うことのできない大規模な事件の鑑定や、高度な設備を必要とする鑑定については、「科学警察研究所（略称・科警研）」が担当します。**科警研は警察庁の所属機関で、偽造通貨や銃器の鑑定などの各種鑑定作業のほか、科学捜査全般に関する専門的な研究も行っています。**

犯罪も多様化しており、科学捜査も広範囲の知識や技術を必要とするため、都道府県レベルでも困難な犯罪に対応できるよう、各分野の専門家が最先端情報の集積と捜査技術の開発を行っています。しかし、親子か否かの鑑定や遺言状の筆跡鑑定など、民事上の問題は「民事不介入」の原則で、警察は介入しません。科学鑑定の先進国アメリカやイギリスには、民間の科学鑑定機関が多数存在していますが、日本では、「法科学鑑定研究所」など、いくつかの鑑定機関があるだけで、まだ数が少ないと言わざるを得ません。

科学捜査機関の役割と役目

都道府県警察本部

鑑識課

機動鑑識で現場の指紋・足跡痕採取、写真などの資料の採取・鑑定をする。警察犬の運用も担当。

科学捜査研究所（科捜研）

血液・DNA 鑑定、薬物・毒物の鑑定など、法医学、化学、物理学、文書の専門分野で科学捜査の研究・鑑定を行う。

警察庁

刑事局鑑識課

指紋センター、鑑識資料センターがあり、全国の警察本部に情報の提供をする。

科学警察研究所（科警研）

警察内外の関係機関から依頼された各種の科学鑑定を行う。また鑑定技術の研究・開発も行う。

監察医務院、医学大学院

法医学教室

警察の依頼により、事件性のある変死体などの司法解剖を行い、死因などを鑑定する。

科学捜査の実態

科学捜査ってどんなことをするの?

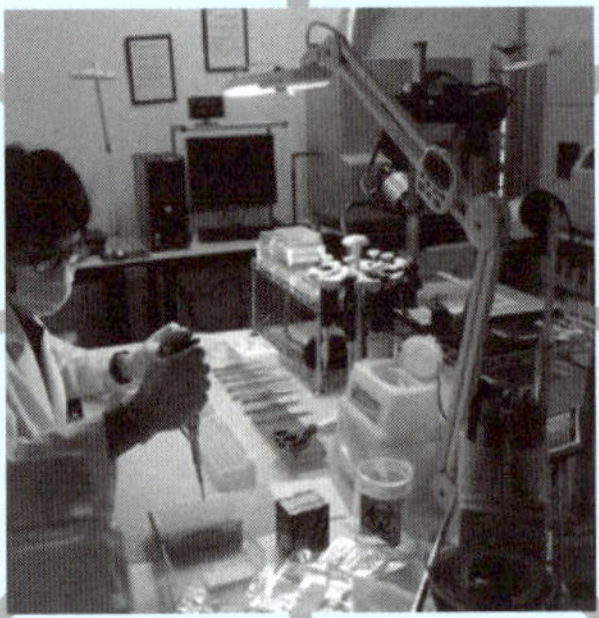

その他の科学捜査

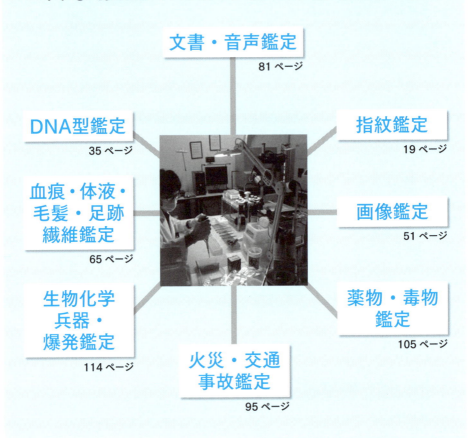

第1章

個人を特定する指紋の鑑定

指紋が科学捜査の王道になるまで

きっかけは日本の拇印や血判

なぜ指紋が個人の特定に効果を発揮するのか。それは、指紋は同じ指紋を持つものはいないという「**万人不同**」と、一生涯変化しないという「**終生不変**」の２大特徴を持っているからです。

世界中の人々の中から、たったひとりを特定できる科学捜査の王道である指紋鑑定は１００年以上の歴史がありますが、きっかけは日本にあったのです。１８７４年（明治４）、宣教師として日本に来日した医師でもある**ヘンリー・フォールズ**（１８４３〜１９３０）は診療をしながら指紋の研究を続けていました。その理由は、日本では古くから証文に拇印(爪印)を押していたことに興味を持ったからです。また、大森貝塚の縄文土器についた指紋にも注目し、科学誌『ネイチャー』に指紋が万人不同、終生不変であることを発表したのです。

同じくして、イギリス人のウイリアム・ハーシェルが指紋に関する論文を発表。彼は犯罪者の収監時に指紋押捺を行うなどの実践的な研究を重ね、指紋の有効性を証明してみせたのです。

その後、ダーウィンの従兄弟のフランシス・ゴルトンが指紋についての論文の発表や『指紋』を出版しました。こうした内容に早くから関心を抱いていたロンドン警視庁は、インドに勤務していたエドワード・ヘンリー（後の警視総監）による「**ヘンリー式指紋法**」を１９０１年に採用、この識別法によって、指紋を使った個人識別が犯罪捜査に活用され犯罪者の統治が始まったのです。

以来、この方法が世界中に広まり、昔から指紋による個人特定を認識していた日本でも、１９１１年（明治44）に警視庁が指紋制度を採用しました。

指紋鑑定の発展に寄与した人々

ヘンリー・フォールズ（1843 ～ 1930 年）

イギリスの医師、1874 年（明治 7）来日。

日本の拇印や血判の習慣や大森貝塚発掘を手伝ったとき、土器についていた指紋に興味を持ち、指紋の研究を行い、「指紋による科学的個人識別に関する研究論文」を科学誌の『ネイチャー』に投稿した。当時勤務していた病院の医療用アルコールの盗み飲み犯人の割り出しに指紋を役立てたというエピソードもある。

フランシス・ゴルトン（1822 ～ 1911 年）

イギリスの統計学者、初期の遺伝学者。進化論のダーウィンの従兄弟。

指紋についての論文の発表や『指紋』の出版も行っており、指紋を利用して犯罪者の特定を行う捜査方法の確立にも貢献している。エリート主義のゴルトンはフォールズの発表を無視、そのためフォールズの功績は彼の存命中は認められなかった。

ウィリアム・ハーシェル

インド・ベンガル地方の行政長官。当時インド人に対する給与の 2 重支払い防止のために指紋を利用。科学誌『ネイチャー』に指紋について発表する。

エドワード・ヘンリー

指紋分類法を完成し、犯罪捜査に活用した。警察官としてインドに勤務、後にロンドン警視庁の警視総監となった。

インド統治のヒントが
英国ロンドン警視庁の
指紋鑑定につながったんだ！

日本人の指紋の種類

基本形は4種類で、渦《か》状紋《じょうもん》が多い

人の血液型と同じように指紋もいくつかの種類に分類できます。日本人の指紋を大きく分類すると4種類になります。一番多いのが、中心が渦を巻いている「**渦《か》状紋《じょうもん》**」、次が蹄《ひずめ》（馬蹄形）の形をした「**蹄《てい》状紋《じょうもん》**」、中央で弓なりになっている「**弓《きゅう》状紋《じょうもん》**」、そしてこの3種類に属さないのが「**変体紋**」ですがこの指紋は非常に珍しい形です。しかし、この分類はあくまで基本形で、さらに細かく分類するとまだ多くの分類になります。

また、**ひとつの指に前述の2つ以上の種類が混在していたり、指によっても指紋が違う人もいます。**ちなみに人差し指に多い型としては弓状紋・甲種蹄状紋があり、中指と小指に多い型は乙種蹄状紋で、親指と薬指には渦状紋が多い型という傾向が見られます。甲種蹄状紋とは、蹄状紋のうち、蹄状線が拇指《ぼし》側に流れる紋様で乙種蹄状紋とは、小指側に流れる紋様のことをいいます。

さらに、指紋は人種によって特徴的な傾向があります。アフリカ原住民、一部のアラブ民族、オーストラリアのアボリジニには弓状紋が多く、渦状紋は少ないのです。ヨーロッパ人やアフリカのネグロイドでは蹄状紋が多く、弓状紋は少なく、アジアのモンゴロイドでは渦状紋が多く、弓状紋が少ないのです。日本人もこのグループに入ります。

さらに、日本人とアメリカ人で比較してみると、弓状紋は、日本人は全体の約10％に対してアメリカ人は約5％、蹄状紋では、日本人が約40％、アメリカ人は約60％、渦状紋は日本人が約50％、アメリカ人は約35％という割合になっています。指紋は実に神秘的です。

代表的な指紋の形

渦状紋

中心が渦を巻いている形で、日本人の約50％を占める。

蹄状紋

馬の蹄の形に似ている。隆線が拇趾側に流れる甲種と小指側に流れる乙種がある。日本人の約40％を占める。

弓状紋

中央で弓なりになっている。指の片側から始まり、反対側で終わる。日本人の約10％を占める。

変体紋

渦状紋、蹄状紋、弓状紋の3種類に属さない指紋。

日本人の1％にも満たない珍しい指紋。

◆判別不可能な指紋

○損傷紋

生後、外傷で永久的な損傷を負った指紋。

○不完全紋

一時的な創傷、摩擦、火傷などにより分類できない指紋。

○欠如紋

指頭部の大部分が欠如（切り落とされた）により分類できない指紋。

血液と違い、
ひとつの指に2つ以上の
紋型が混合する人も
いるんだ！

指紋とは隆線《りゅうせん》がつくる紋様

指先から出る水分と皮脂が付着したもの

指紋とは、手の指の先端にある、盛り上がった線状部分と、へこんだ部分が形づくっている紋様です。**その紋様を形づくっているのは、へこんだ溝の部分ではなく、隆起した線「隆線」です。**

隆線には無数の穴があり、これが真皮の汗腺から絶えず分泌されて出てくる汗の穴、汗口《かんこう》（汗孔）です。手には皮脂などの分泌物も付着しており、指先が物に触れると、スタンプのように指紋となって残るのです。

皮脂を分泌する脂腺は、毛穴があるところしかないため、指先からは汗しか分泌されません。汗だけでも指紋は付着しますが、水分は蒸発すると消えてしまいます。**指紋として残るのは、顔や腕などから出た皮脂や分泌物を知らない間に触って、指についてしまったものなのです。**

また、指紋の残り方には違いがあります。大きく2種類に分けられ、肉眼で確認できる「**顕在《けんざい》指紋**」と、ほとんど肉眼では見えないものの科学的な検出方法によって肉眼で確認できる「**潜在《せんざい》指紋**」があります。

顕在指紋は、血液やインクなどが付着した手で物に触った場合や、粘土のように形が簡単に変化するものに触ったとき、また、たまった埃《ほこり》に指を置いたときなどに残る指紋です。最初から肉眼で確認できるため、カメラで写真を撮るなどして採取します。

潜在指紋は、ガラス・金属・プラスチックや、紙・ペットボトル・携帯電話などを触ったときに肉眼では確認できない指紋として残るもので、犯罪現場ではほとんどがこの潜在指紋です。見えない指紋をいかに採取するかが捜査の鍵を握ります。

指紋はなぜ残るか

◆皮膚の構造と指紋が残るメカニズム

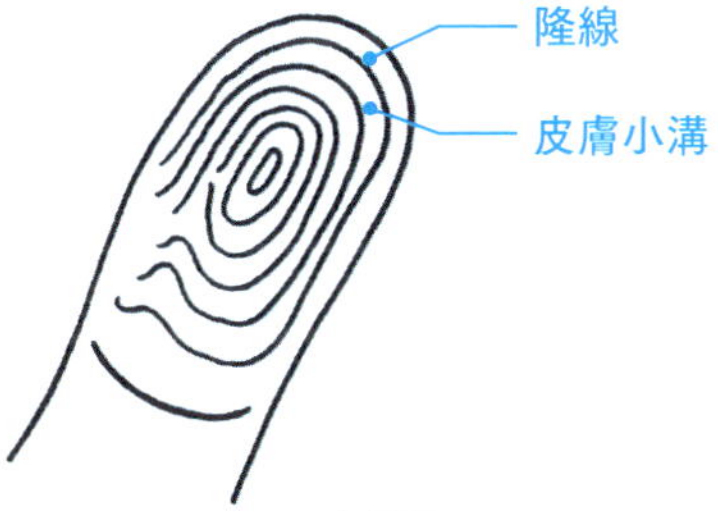
隆線
皮膚小溝

手の指先は細い溝（皮膚小溝《しょうこう》）と盛り上がった部分の皮膚小稜《しょうりょう》（隆線）は平行して走っている。この隆線がつくる紋様が指紋。汗腺を通り指先の汗口から分泌される水分と他の部分から分泌される皮脂が指先で混ざり、スタンプのようになり触ると指紋として残る。

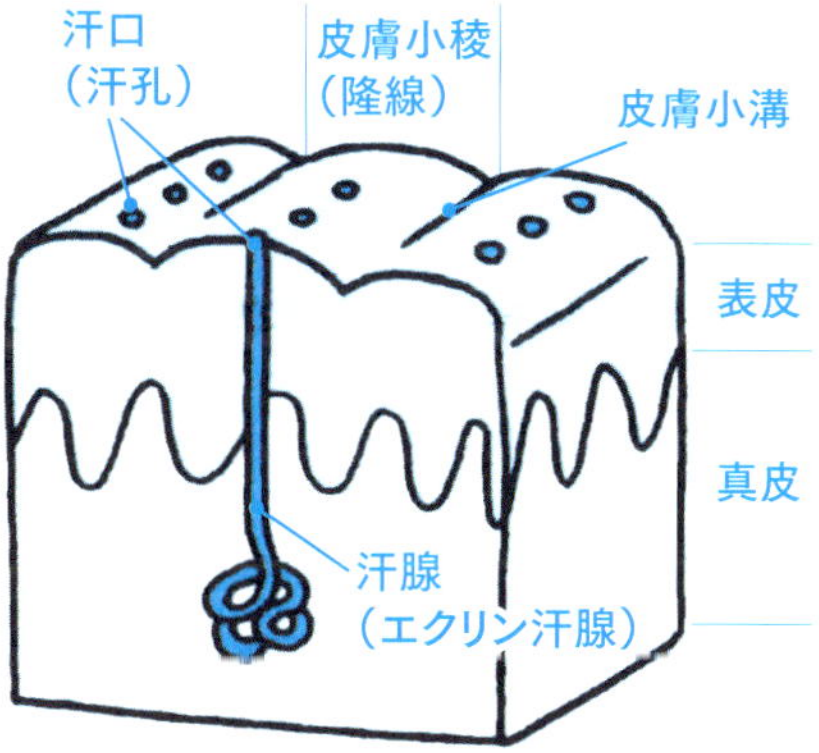
汗口
（汗孔）
皮膚小稜
（隆線）
皮膚小溝
表皮
真皮
汗腺
（エクリン汗腺）

指先の皮膚の構造

◆顕在指紋と潜在指紋

○顕在指紋

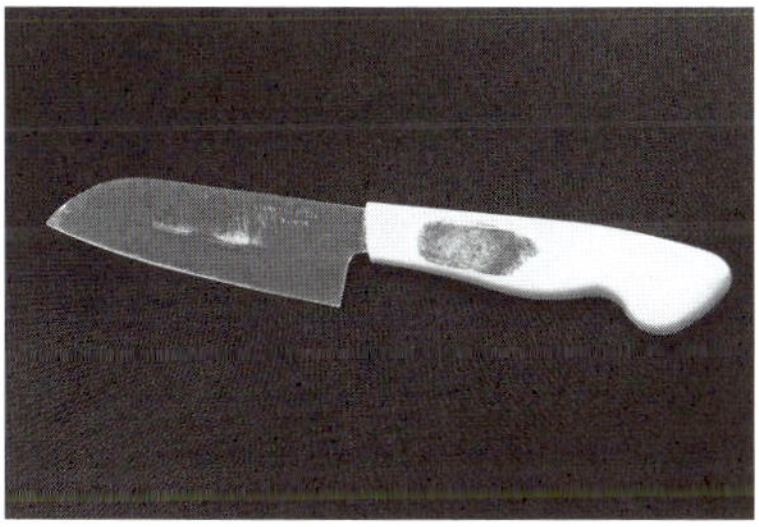

血痕でできた血紋

血紋などの可視化されている指紋。この指紋はカメラで撮影する。

○潜在指紋

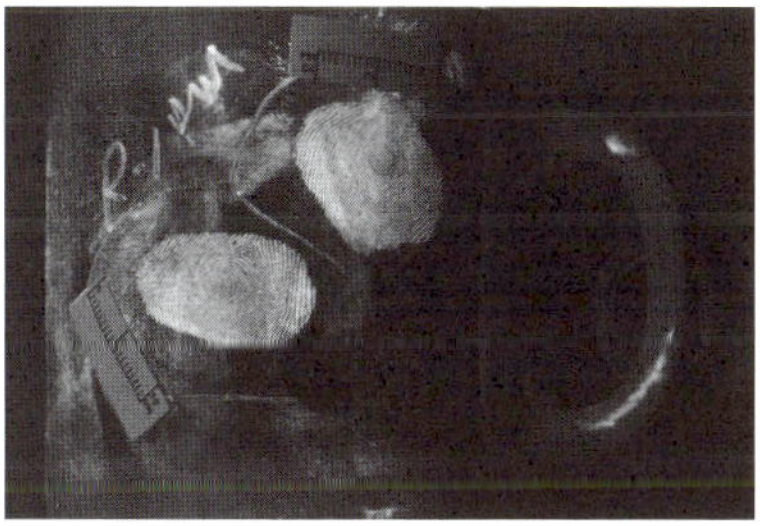

粉末法で浮かび上がった指紋

ほとんど肉眼では見えないが、特殊光学機器（ALS）などで科学的な検出手段によって可視化される指紋。犯罪現場の指紋採取はほとんどがこの潜在指紋である。

ぼくの鼻のシワ（鼻紋）は
人間の指紋と同じで、
それぞれ違うし、
一生変わらないんだ！

指紋の特徴点を照合し、犯人を特定する

12点が一致すれば同じ指紋

現場に残された顕在指紋や検出された潜在指紋のことを「**現場指紋**」といいます。

この現場指紋には、被害者やその家族、友人、過去にそこへ訪れた人々の指紋も残されているため、その１つひとつが誰の指紋であるのかを調べるのが「**指紋照合**」です。

この**照合は隆線の形状パターンごとに分類され、「特徴点」と呼ばれる隆線の局所的な形状とその位置に着目して行われます**（特徴点の詳細は左図参照）。特徴点はひとつの指紋に多い人で１５０～１６０点、少ない人でも50～60点あるとされています。現場指紋と犯人の指紋を比較する指紋照合は、最初に２つの指紋の紋型を比較し、同じ紋型の場合はさらに特徴点の形状と位置を比較します。２つの指紋の特徴点が12点一致する場合に同一指紋と認められます。

この照合方法は「**12特徴点指紋鑑定法**」と呼ばれ、２つの指紋の特徴点が12点一致する確率は１兆分の１とされています。現在では、国際的にこの「12特徴点指紋鑑定法」による鑑定結果を裁判の証拠として採用している国がほとんどです。しかし、実際には指の損傷、摩擦、火傷などにより、紋型の分類や12点の特徴点が確認できないこともあります。

採取された現場指紋について、被害者や家族などの「**関係者指紋**」と、そうではない「**保留指紋**」と呼ばれる指紋に取捨選択していく作業が捜査の第一歩となります。そして、犯人の可能性がある人物の指紋と保留指紋を照合し、一致したものについては、その人物の「**遺留指紋**」として特定されます。

指紋の主な特徴点

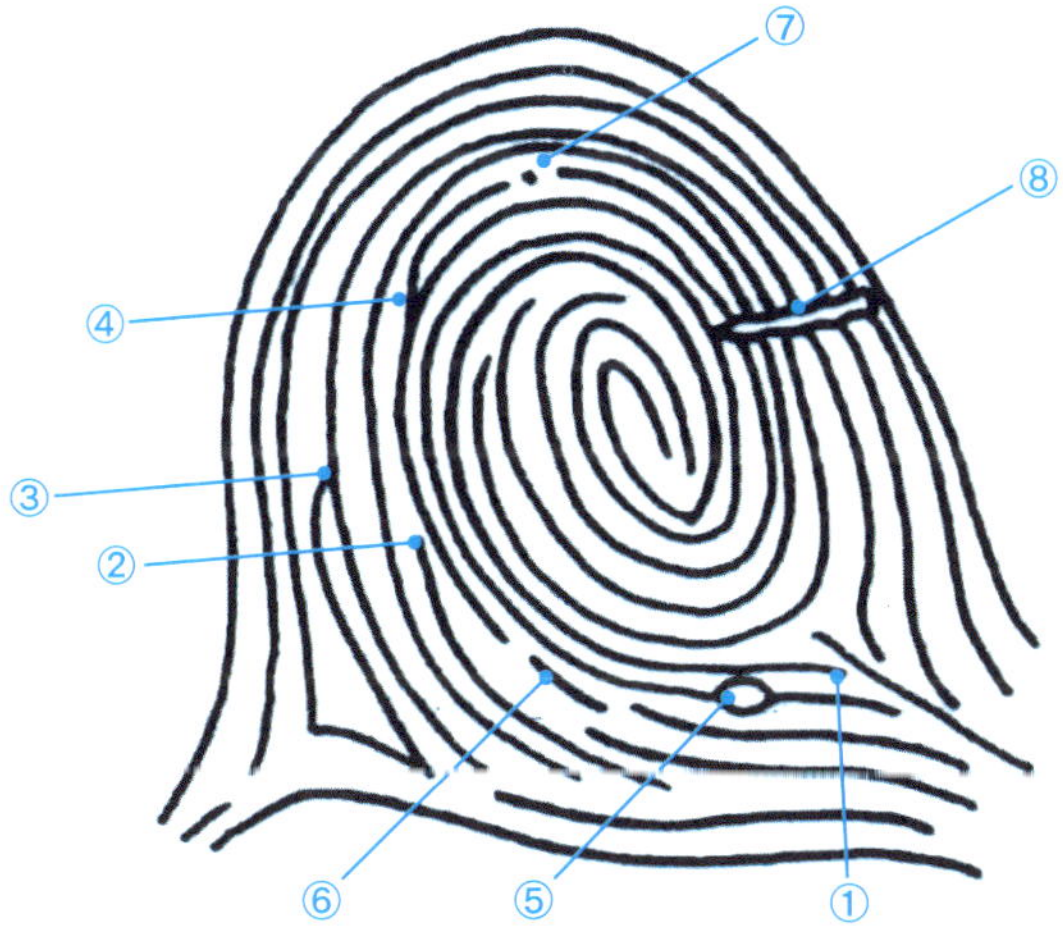
⑦
⑧
④
③
②
⑥
⑤
①

①端点（開始点）
隆線が始まる部分。

②端点（終止点）
隆線が終わる部分。

③接合点
隆線が２本から１本に合流している位置の点。

④分岐点
隆線が１本から２本に分岐している位置の点。
（以上は時計回りの方向が基準）

⑤島形点
分岐した隆線がもとの隆線に接合してつくられる島形の模様。

⑥短線
短い隆線。

⑦点
隆線から独立してある隆点。

⑧損傷
永久に消えない損傷の傷跡。

◆指紋の採取から鑑定の流れ

現場に残っていた指紋
↓
関係者指紋 と **保留指紋** の取捨選択
↓
指紋の照合
↓
犯人の特定

特徴点はひとつの
指紋に多い人で
150～160点、
少ない人でも
50～60点あると
されているんだ！

見えない指紋を検出する方法①

粉末で隆線を浮き出させる「粉末法」

指紋のもととなる皮膚の分泌物は、そのほとんどが水分で、残りは塩化ナトリウム、カリウム、カルシウムなどの無機成分と、乳酸、アミノ酸、尿素などの有機成分、皮脂腺から出る脂肪分などです。これらの各成分と、対する試薬との化学反応を利用するのが指紋検出法の原理です。

しかし指紋が付着する物はコップや茶碗、書類・封筒・お札などの紙製品、包丁・ナイフなどの金属製品、ビニール袋や粘着テープなどの梱包材料、着衣や死体の皮膚に至るまで多種多様です。

そのため、採取する対象物の表面に最も適した方法を選択し、できるだけ鮮明な指紋を検出する技術が要求されます。

指紋の検出方法で最も一般的なのは、映画やドラマでおなじみの**「粉末法」です。化学反応を利用するのではなく、細かい粉末を付着させたハケや筆で、隆線の盛り上がりに沿って指紋をなぞる方法です。**

ハケには羽毛やウサギの毛などの動物毛のものや、グラスファイバー製のもの、磁気性のものなど数十種類あり、状況に応じて使い分けます。また鉄粉を付着させた磁気ブラシを用いる方法は、あらゆる指紋の検出に有効です。

付着させる粉末は、銀白色のアルミニウムの粉末と黒色のカーボンの粉末が一般的ですが、黄色や緑色の蛍光色の粉末も用いられます。対象物の性質や表面の粗《あら》さ、背景の色などで使い分けます。

指紋が確認できたら、写真を撮影し、ゼラチン紙というセロハン製の接着テープ様のものに転写して黒い台紙などに貼りつけて採取完了です。

見えない指紋を検出する①

粉末法

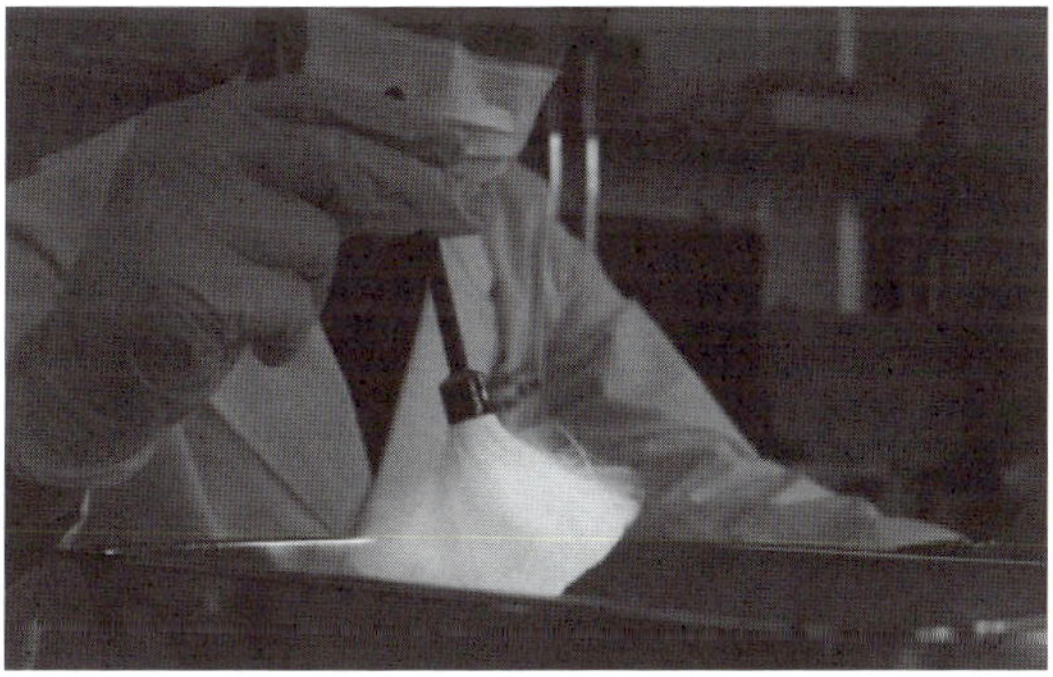

現場で指紋が付着しているかもしれないと思われる対象物に粉末をハケや筆に付着させ、隆線の盛り上がりに沿ってなぞり、指紋を見えるようにする方法。ガラスや金属などの水分を吸収しない場所についている指紋検出に適している。付着させる粉末は、対象物の種類によって変わるが、一般的には銀白色のアルミニウム粉、黒のカーボン粉が使われる。

◆ハケや磁性ブラシを使用

ハケには羽毛やウサギの毛など動物種のものからグラスファイバー製のものなどさまざまある。また磁性ブラシに磁気を帯びた特殊な磁性パウダーを付着させ、指紋のついている所を優しく擦って指紋を浮き出させる方法もある。

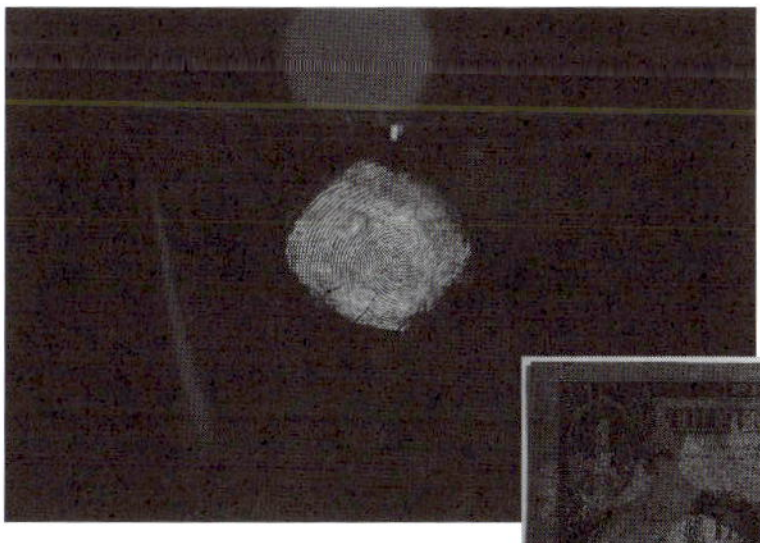

コップについた指紋を検出

蛍光粉末試薬で紙幣の指紋を検出

潜在指紋であっても
これではどんな指紋でも
検出されるね

見えない指紋を検出する方法②

液体法、噴霧《ふんむ》法《ほう》など40種類以上もある

粉末法以外にも、潜在指紋の検出法は大きく分けて40種類以上の方法があるといわれています。

代表的な、**「液体法」は、液体の試薬を用いて指紋を検出しますが、試薬と分泌物を化学反応させるものと、試薬を分泌物に付着させるものとがあります**。その代表的なものは「**ニンヒドリン**」を使用する方法で、アミノ酸と反応して赤紫色に検出されます。紙や段ボール、木材などからの検出に効果を発揮します。人間のアミノ酸は乾燥状態で保管されれば変化が少ないため、30〜40年経った試料からも指紋が検出されたことがあります。

「噴霧法」は、ヨウ素（ヨードガス）や「シアノアクリレート」などの試薬をガス化させて、分泌物に含まれる成分と化学反応を起こさせる方法です。

ヨウ素は脂肪酸と反応し黄褐色になる性質があるので、水分を吸収してしまう紙製品や、水中に投棄されて脂肪酸だけが残っているナイフや包丁などの凶器から指紋を検出するのに用いられます。

シアノアクリレートは瞬間接着剤に含まれる成分で、プラスチックやペットボトル、皮革製品などに付着した指紋の水分や分泌物に反応します。

この方法は日本で開発され、現在、世界中で使われている方法です。

他にも、クリスタルバイオレットという試薬やズダンブラックという試薬で指紋のタンパク質を染め出す方法や、「ＥＳＤＡ」や「ＶＳＣ」という専用装置で、試薬を使わずに潜在指紋を画像化する方法もあります。

指紋鑑定技術の研究は今も行われており、さらなる進化をとげることでしょう。

見えない指紋を検出する②

液体法

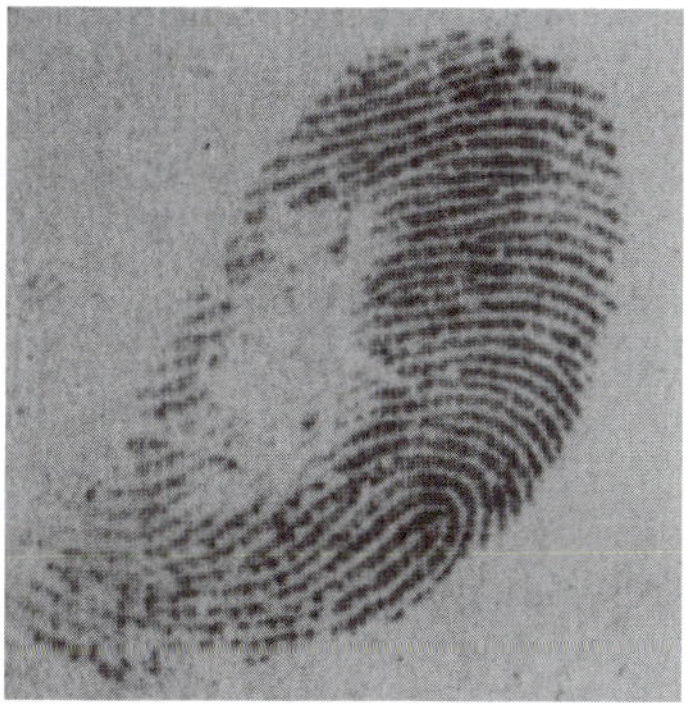

ニンヒドリン試薬を使う方法が一般的。水溶液を指紋が付着していると思われるものにスプレーしたり、ハケで塗ったりして検出する。指紋の中のアミノ酸に反応し赤紫の指紋が浮き出る。その他にベンジンを使う方法や蛍光色の発色を利用したDFO法などがある。

ニンヒドリン試薬で検出した指紋（赤紫色の指紋）

噴霧法

シアノアクリレート法指紋検出装置

ガス化した試薬を使い、分泌成分に化学反応を起こさせて検出する方法。日本で開発されたシアノアクリレート法は白色の指紋を浮き上がらせる。ヨウ素を使った方法もある。

シアノアクリレートを調整溶解した溶液をつくり、その調合試薬を研究用ホットプレート（写真アクリルボックスの中）に2～3滴を滴下。ホットプレートを加熱し、その蒸気によって検体の指紋が白く浮き上がってくる。

シアノアクリレートで検出された指紋

人体についた指紋の採取は、
科捜研のOBが開発した
「デベロッパー」を
FBIも使っているんだ！

瞬時に過去の犯罪者の指紋と照合

自動指紋識別システム（ＡＦＩＳ）

かつては手作業で行われていた現場指紋の照合も、現在ではコンピュータを使った「**自動指紋識別システム（ＡＦＩＳ＝エイフィス）**」によって迅速《じんそく》に行っています。ＡＦＩＳの研究は１９６０年代から始まり、アメリカのＦＢＩ（連邦捜査局）が１９７８年ごろ初めて導入し、日本の警察庁では１９８２年から使用しています。

ＡＦＩＳには警察庁の指紋センターが管理する指紋データベースが使われます。このデータベースには、過去に検挙された犯罪者の指紋が８００万件以上、過去に発生した犯罪現場に残された現場指紋が数十万件も登録されています。

ＡＦＩＳによる照合は、犯罪現場に残された現場指紋と、保存されている過去の犯罪者の指紋を照合する遺留指紋照合が一般的です。

照合の速度は、1件につき0・1秒未満と極めて速く、一致しない指紋を次々に除外していき、前述した特徴点が同一とされる指紋をはじき出します。採取した現場指紋が部分的な場合でも、その部分を使って一致する指紋を見つけ出します。

特徴点が12点一致すれば、照合上同一指紋と前述（26ページ参照）しましたが、確率的にいえば、指紋の隆線特徴点が8点一致すると1億分の1の確率、12点の一致したものが現れる可能性は1兆分の1の確率となり、世界人口73億に対して指紋の特徴点が12点一致することは、確率的には本人以外あり得ないことになります。ただ、ＡＦＩＳが行うのはあくまで特徴点の一致の検索であり、最終判断は指紋の専門技術者が個々に分析して行うことから、最後は人間の眼の力量となります。

AFISの照合システム

◆ AFIS=Automated Fingerprint Identification System

全国の都道府県警

遺留指紋の照会 →

← 回答

警察庁刑事局鑑識指紋センター AFISシステム

犯罪前歴者の指紋 800万件以上
犯罪現場に残された現場指紋 数十万件
データベース

取り込み

採取した現場指紋を特殊カメラとスキャナーで画像として取り込む。

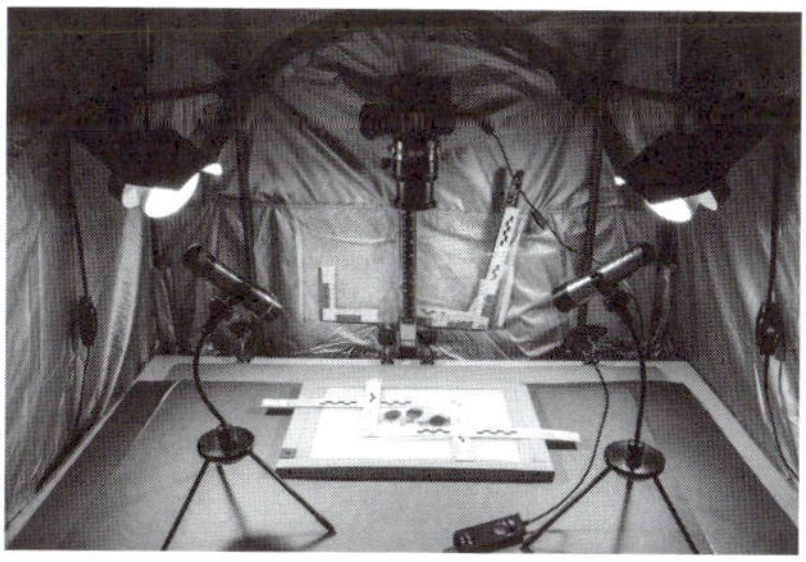

画像鮮明化

取り込んだ指紋画像を鮮明化する。画像の鮮明化は55ページ参照。

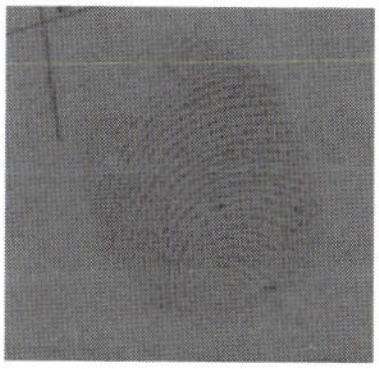

鮮明化前

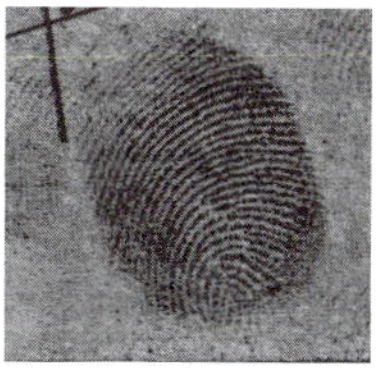

鮮明化後

照合

警察庁のAFISシステムに登録され、過去の犯罪者との指紋照合や疑わしい人物との指紋照合が行われる。

被疑者の指紋かどうか最終的な判断は複数の指紋鑑定人が行うんだ！

コラム

指先から指紋を消すことはできるのか?

指紋はいつから手に刻《きざ》まれるのでしょうか。実はお母さんの胎内にいるときにできるもので、生まれたばかりの赤ちゃんにも、しっかりと指先に指紋が刻まれています。

犯行時、指紋を隠そうとして、手袋を着用しても手袋の痕跡は残り、手袋の種類やメーカーを特定すれば、犯人を絞り込むことは可能です。

また、手袋を着用していること自体、常習性、計画性があることを示しているため、それが捜査の材料となります。現場に手袋痕が見つかった場合、指紋の検出作業は念入りに行われます。犯行時、細かい作業をする際、無意識に手袋を外してしまう犯人が多いからなのです。

その上、犯人の手袋が遺留品として見つかればその手袋の内側に指紋が残っており、照合が可能となるので、完全犯罪などまず不可能といえましょう。

では、指紋を消してしまえばどうでしょうか?

皮膚は表皮、真皮の2層からなり、軽い切り傷や火傷などで傷つくのは表皮までで、一時的に指紋が薄くなることはあっても、皮膚が再生すると同じ指紋が再生します。

手術で真皮層まで指紋を除去したり、強い酸性物質で指紋を溶《と》かせば、激痛は伴うものの確実に指紋を消せて再生もしません。ただ意図的に指紋を消す行為自体は怪《あや》しく、自ら犯罪者だと自白するようなもので、あまり意味はないと思われます。

第2章

ミクロの名探偵
DNA型鑑定

生命の設計図といわれるDNA

高い精度で個人を識別できる理由

「DNA」は、その人のすべてを決定する生命の設計図です。DNA型は人によって異なり、個人を識別することができます。遺体のごく一部からでも、また毛髪1本でも、DNA型鑑定で身元が確認されたというニュースはよく耳にすることです。ではなぜ、DNAは高い精度で個人を識別できるのか。まず、DNAの構造を知ってください。

人間の体は、約60兆個の細胞からなります。皮膚細胞、筋肉細胞、神経細胞という具合に、部位により形や役割は異なるものの、1個の細胞には1個の核があります。**細胞核の中には23対《つい》46本の染色体があり、この染色体を形成しているのが、「DNA（デオキシリボ核酸）」です。**染色体は伸ばせば2mにもなる梯子《はしご》のような2重らせん構造で、折りたたまれた状態で格納されています。

また、**A（アデニン）、T（チミン）、G（グアニン）、C（シトシン）という4種類の「塩基《えんき》」が2つずつ結合しており、Aは常にTと対になり、GはCと対になります。**このペアを塩基対といい、DNAの中には約30億の塩基対があります。この4種類の塩基配列は人によって異なり、この並び方の違いで個人識別ができるというわけです。

23対の染色体のうち22対は人のさまざまな形質をつくる「**常染色体**」で、残る1対は性別を決定する「**性染色体**」です。性染色体にはX染色体とY染色体が存在します。

男性はXY、女性はXXを持っています。対になっているうち、1本が父親から、もう1本は母親から受け継いだもの、つまり、親子間で2分の1を共有しています。

細胞と染色体、DNA の関係を知ろう

◆細胞のしくみ

○染色体とDNA（デオキシリボ核酸）

各細胞には１個の核があり、核内には遺伝情報の載った DNA が折りたたまれて格納されている染色体がある。DNA は遺伝情報の本体で、４種類の塩基（図を参照）を持ち、そのさまざまな配列が異なる遺伝情報を持つ要因となる。ただ DNA のうち、遺伝情報が書かれている部分は、全体の 2％程度といわれる。

○細胞

生命の最小単位で、人の身体は約 60 兆個の細胞からできている。それぞれの細胞は、同じ働きをする細胞が集まって、４種類の組織に分かれ身体を維持するための器官をつくり、連携して個体を形成する。

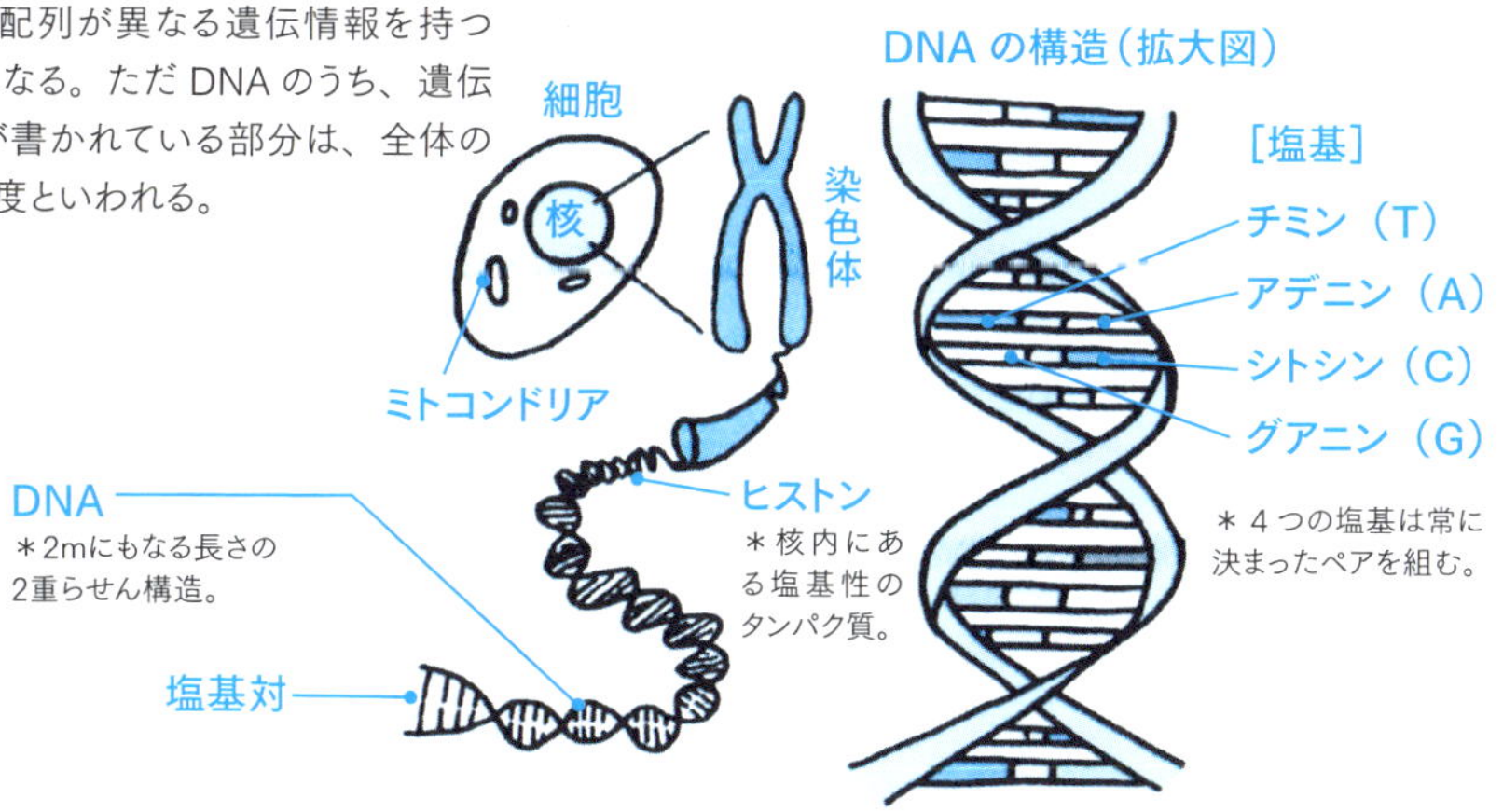

◆性別を決める染色体の構造

人の染色体は 46 本あり、２本ずつが対になっており、そのうち、44 個（22 対）が「常染色体」、残りの２個（１対）が性別を決定する「性染色体」。性染色体には X 染色体と Y 染色体がある。女性は2本の X 染色体「XX」、男性は「X 染色体と Y 染色体が１本ずつ」の組み合わせとなる。男女の性別は、この染色体の組み合わせによって決定される。

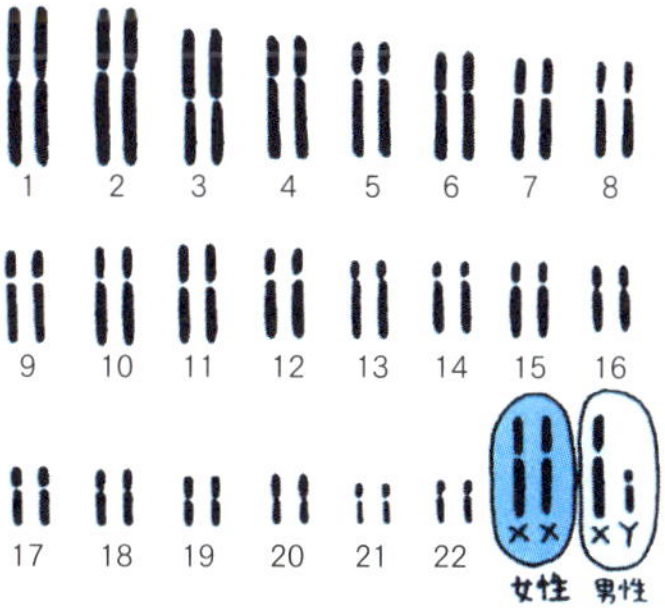

5300年も前のDNAが人類のルーツを解明

時間の壁を越えたDNA型鑑定

ＤＮＡ型は血液型に比べて、非常に少ない証拠資料からでも、また古くなって劣化した証拠資料からでも鑑定することが可能です。

特に、ミトコンドリアＤＮＡ鑑定は、ＤＮＡを採取できる確率が高いため、古い証拠資料の分析に適しているといわれます。

ミトコンドリアとは、細胞の中にあって、細胞が活動するためのエネルギーを産生します。このミトコンドリアにも小さなＤＮＡがあって、これを「**ミトコンドリアＤＮＡ**」と呼んでいます。

驚異的な例として知られているのは、アイスマンのＤＮＡ型鑑定です。１９９１年、オーストリアのチロリアン・アルプスの渓谷で、氷河の溶けかけた氷水の中から、ひとりの男性の死体が見つかりました。身長は約１６０㎝。死亡推定年齢は46歳。鹿革でできた着衣、毛皮の帽子、木製の斧《おの》、石器の矢じりを身につけていたのです。炭素の放射性同位元素の測定の結果、なんと死後約５３００年が経過していたことがわかりました。

遺伝子学者ブライアン・サイクスの『イヴと七人の娘たち』というノンフィクションの物語があります。この物語はミトコンドリアＤＮＡは母親から受け継ぐという特性に着目し、そのＤＮＡ配列と、人類の軌跡をたどり、現代ヨーロッパ人の90％は太古の昔に生きた7名の女性のいずれかを母系先祖にするということを解明した作品です。

そして**人類は皆、約20万年前に生まれたひとりのアフリカ人女性「イヴ」の子孫であるというのです。**

ＤＮＡ型鑑定は時間の壁を超えたのです。

ミトコンドリア DNA でルーツを探る

◆ミトコンドリア DNA の特徴

●ひとつの細胞の中にひとつしかない「核 DNA」と異なり、ひとつの細胞の中に数百～数千個あり、数が多いので採取しやすい。

●サイズが小さく生存率が高い（丈夫な DNA）。

●すべて母親からのみ受け継ぐ。例えば、白骨死体の歯から採取したミトコンドリア DNA で母親のものと照合できる。

（44 ページミトコンドリア DNA 検査法参照）

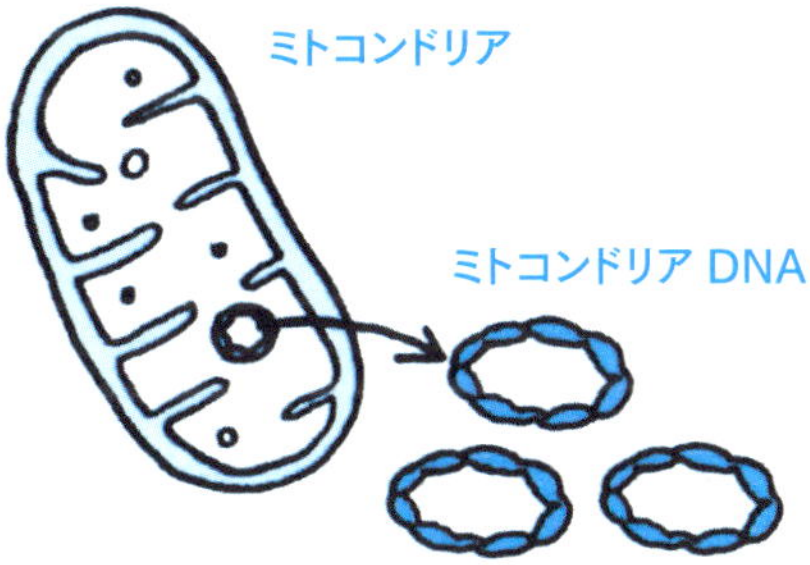

◆ミトコンドリア DNA でわかった人類の起源（アフリカ単一起源説）

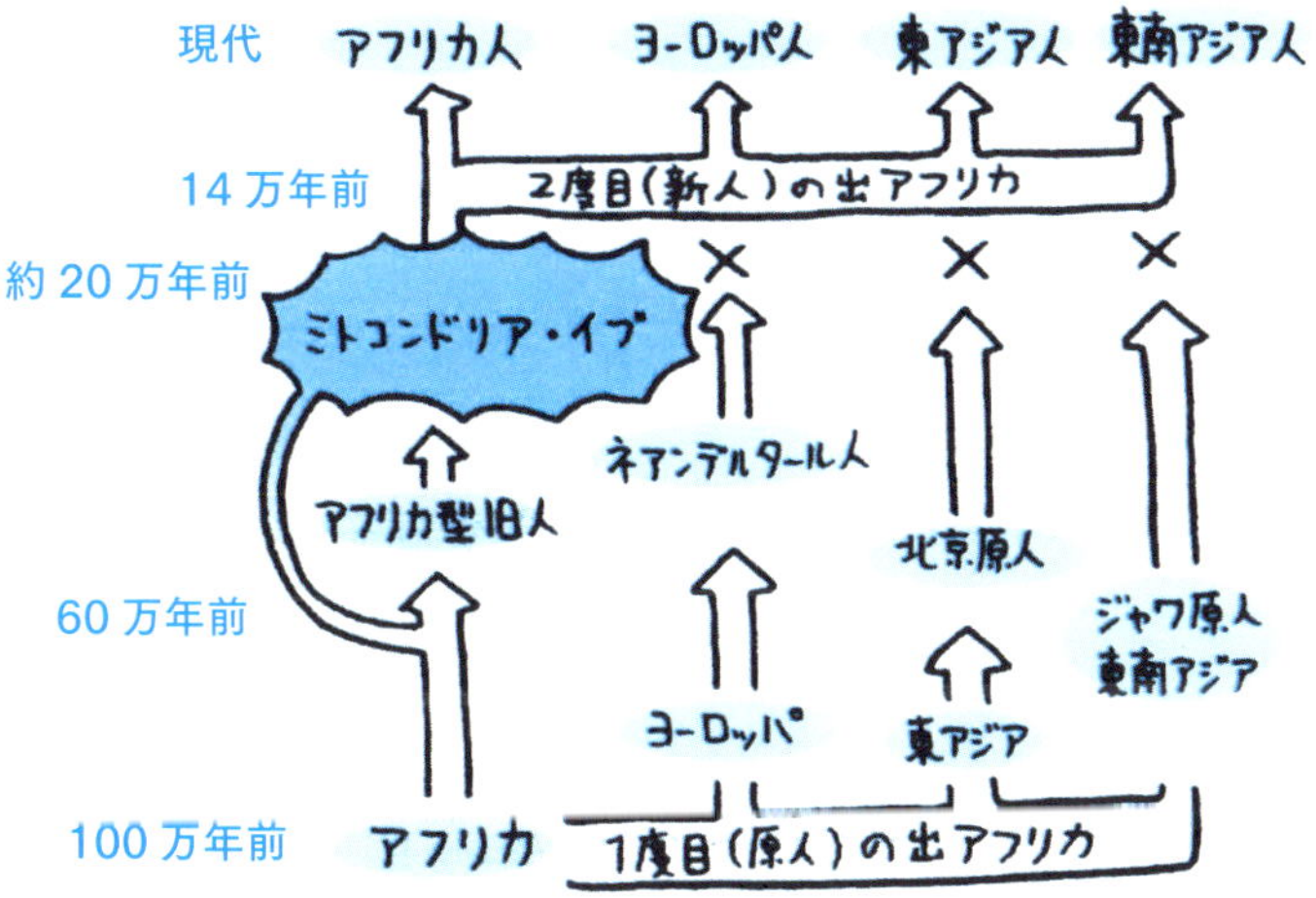

およそ 20 万年前のアフリカにいた「ミトコンドリア・イブ」と呼ばれる女性が現存する人類の最も近い共通の祖先だといわれている。さらにその後、現代のヨーロッパ人の 90％は、ミトコンドリア・イブの子孫の 7 人の女性を共通の祖先としているという、興味ある説だ。

DNA型鑑定とは?

遺伝子情報を持たない塩基配列を検査する

DNAには遺伝情報を持つ部分「**エキソン（エクソン**ともいいます）」と、遺伝情報を持たない部分「**イントロン**」が並んで存在しています。

イントロンには一定の核酸塩基配列が何回も繰り返されている部分があります。2〜6塩基配列を1単位として繰り返す配列を「**マイクロサテライト（STR＝縦列型反復配列）**」といい、約10〜100塩基配列を1単位として繰り返す配列を「**ミニサテライト（VNTR＝高度変異反復多列型）**」と呼んでいます。**これらの繰り返し回数は個人よって違いがあり、DNA型鑑定とは、その違いで個人識別をするのです**。膨大なDNA塩基配列のうち、特定の位置を遺伝子座（ローカス）といいます。ちなみにエキソンとイントロンの比率は1対《たい》9で大部分が遺伝情報を持たない部分です。

DNA型を鑑定する方法はいくつかあり、ミニサテライトの繰り返し数を分析する方法を「**DNA指紋法**」といい、現在のDNA型鑑定の基礎となっています。「DNA指紋法」は採取される試料が微量であったり、長時間劣悪な環境に放置された試料が多い犯罪捜査には対応できませんでした。**現在、世界中で使用されているのはマイクロサテライト（STR型）の複数の遺伝子座を検査する、「マルチプレックスSTR法」**といわれる手法です。**この方法は常染色体15ヵ所と性染色体1ヵ所を分析します**。

日本の犯罪事件でDNA型鑑定が初めて取り入れられたのは、1988年の六本木強姦傷害事件でしたが、まだ、DNA型鑑定のガイドラインが策定されておらず、法廷では争われなかったのです。

DNA 型鑑定ではどこを検査するか

◆イントロンを調べる

遺伝子情報を持たない、イントロンの塩基配列の繰り返し回数をチェックして個人を識別する。

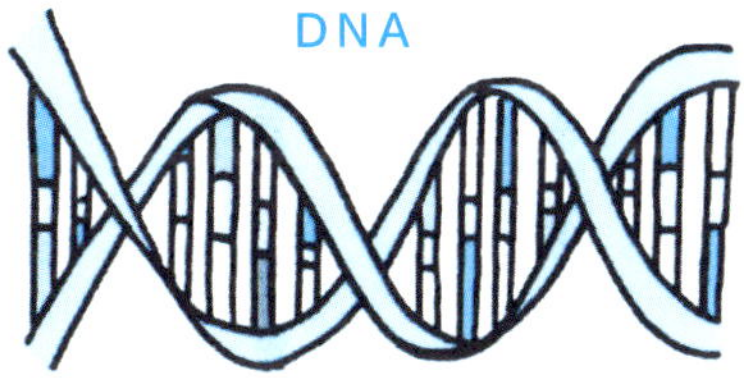
DNA

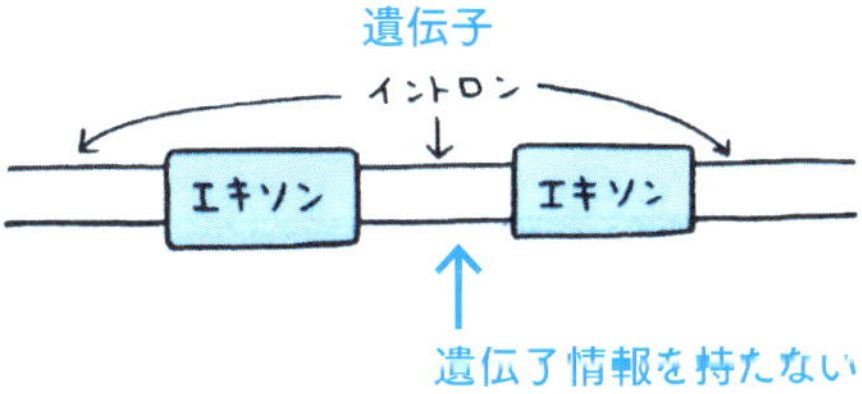
遺伝子
イントロン
エキソン
エキソン
遺伝子情報を持たない

◆染色体の STR 型検査の座位（ローカス）

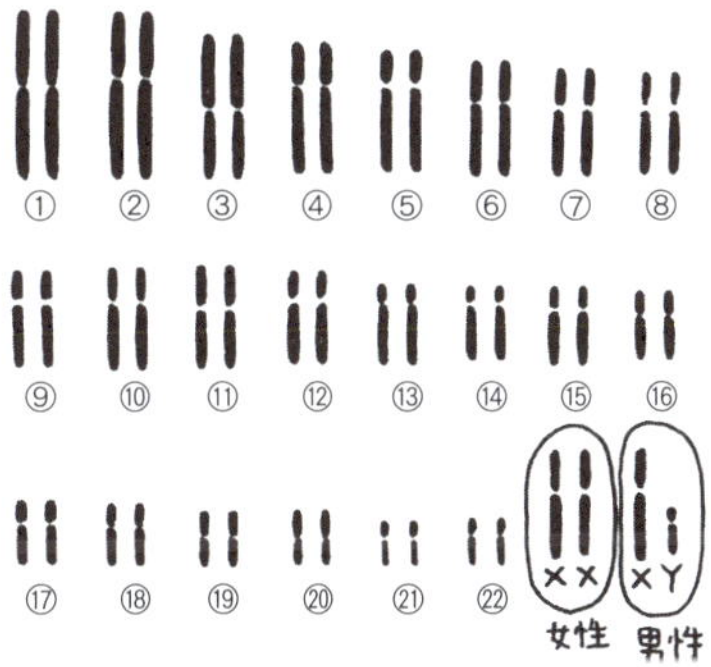
①
②
③
④
⑤
⑥
⑦
⑧
⑨
⑩
⑪
⑫
⑬
⑭
⑮
⑯
⑰
⑱
⑲
⑳
㉑
㉒
XX
XY
女性
男性

＊常染色体 15ヵ所、性染色体 1ヵ所の合計 16ヵ所を調べる。

染色体にあるローカスの名称

② TPOX・D2S1338
③ D3S1358　④ FGA
⑤ D5S818・CSF1PO
⑦ D7S820　⑧ D8S1179
⑪ TH01　⑫ vWA　⑬ D13S317
⑯ D16S539　⑱ D18S51
⑲ D19S433・㉑ D21S11
X・Y　AMEL（アメロゲニン型）

＊○の数字は染色体番号

DNA型鑑定は4兆7000億人から
ひとりを特定するっていうけど、
実証できない数字だよね。
つまり、それだけ精度が高い
ということだね！

ＤＮＡ型鑑定ってどうやるの！

ＤＮＡ型鑑定は、犯罪現場から採取した証拠資料からの**①ＤＮＡの抽出・精製、次に②ＤＮＡを増幅し、そして③繰り返し回数を分析するという大きく3つの工程で行われます。**

最初に、試料の血液や精液などが含まれている部分を細かく切り、マイクロチューブに入れ、緩《かん》衝《しょう》液を加え、混合します。

次に、タンパク質分解酵素のプロテアーゼを加え、56℃で保温し、タンパク質を分解します。さらに余分なタンパク質をマグネットビーズ法やフェノール・クロロホルム抽出法で取り除き、ＤＮＡだけが含まれる溶液をつくります。これで、ＤＮＡの抽出と精製が終了です。この抽出・精製・分離作業には専門の検査環境と検査者の経験と熟練の技術が必要です。

微量のＤＮＡでもＰＣＲで増幅して鑑定

犯罪現場で採取される、血液や体液からのＤＮＡ型鑑定は、試料が微量なものであるケースが多いです。その場合でも鑑定に必要な十分なＤＮＡを手に入れる、「**ＰＣＲ法（ポリメラーゼ連鎖反応法）**」という増幅法があります。

この方法は、ＤＮＡが変性・再結合するときの温度の違いを利用して増幅する方法で、専用の試薬を加えて加熱や冷却をすることで、ＤＮＡがコピーされます。この過程を25～40回繰り返すことで特定の塩基配列を大量に増幅するのです。このＰＣＲを発明したキャリー・マリス博士（アメリカ）はその功績で１９９３年にノーベル化学賞を受賞しました。最後に、**増幅されたＤＮＡを、「ジェネティックアナライザー」という装置によって分析すると、「繰り返し回数」が表示され、鑑定します。**

DNA 型を鑑定する

◆鑑定手順

① DNA の精製・抽出 → ②増幅（PCR 法） → ③繰り返し回数の分析（ジェネティックアナライザー）

＊ PCR=Polymenase Chain Reaction

① DNA の精製・抽出

採取した試料に緩衝液やタンパク質分解酵素を加えて保温。

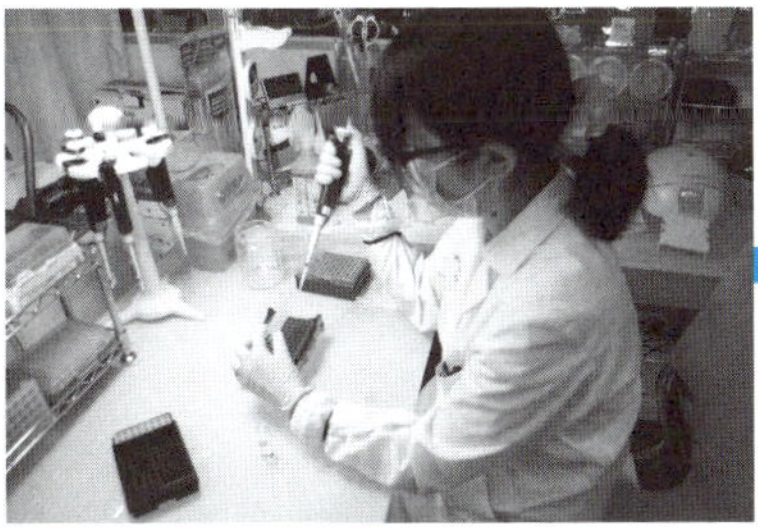

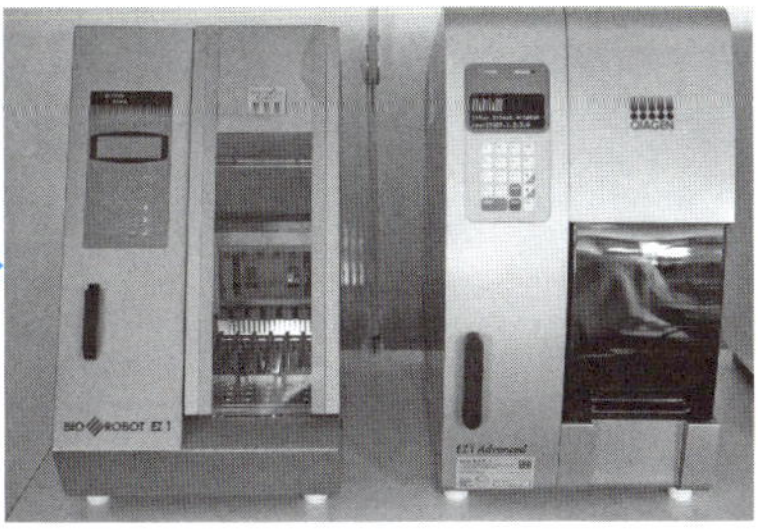

DNA を精製する装置 EZ1

② PCR 法（ポリメラーゼ連鎖反応法）

サーマルサイクラーという装置で加熱、冷却を繰り返し、DNA を増幅する。

PCR で行うサーマルサイクラー

③繰り返し回数の分析

ジェネティックアナライザーで繰り返し回数の読み取り・分析をする。

「繰り返し回数」を
測定するのは、
人によってその回数が
大きく異なるからだ！

補助的に使われるDNA検査法

ミトコンドリアDNA検査法とY染色体STR型検査法

PCRを用いたSTR法は最も優《すぐ》れた方法で、それだけで十分な個人識別ができますが、補助的に「**ミトコンドリアDNA検査法**」や「**Y染色体STR型検査法**」などを併用することで、より詳細なDNA検査を実施することが可能です。

ミトコンドリアDNA検査法は、ミトコンドリア内に含まれるDNA（mtDNA）を調べる検査法です。ミトコンドリアはひとつの細胞内に、数百〜数千個含まれています。もともと、ミトコンドリアは細胞が活動するためのエネルギーを産生する細胞小器官で、多くのエネルギーを消費する筋肉や眼などを構成する細胞には、DNAが特に数千以上と多く存在しています。

そのため、**ひとつしかない核内のDNAに比べて、DNAを採取できる確率が非常に高いので、劣化の激しい鑑定試料からも検出できる利点があります**。しかし、mtDNAは母親のものしか子どもに継承されないため、父子鑑定には使えません。また、mtDNAは核内DNAに比べて突然変異が起きる確率が5〜10倍高いため、鑑定には注意が必要ですが、劣化試料のDNAや母系の血縁鑑定には適しています。

一方、男性にしか継承されないY染色体のDNAを調べる方法もあります。**性染色体にはX染色体とY染色体の2種類があり、女性はXとX、男性はXとYの組み合わせを持っています。**

Y染色体上にしかないSTR型を調べることで、父系（男系）のDNAを特定します。性犯罪のような男性と女性のDNAの混在が考えられる場合や、男同士の兄弟鑑定で使用されます。

補助的に使われる DNA 検査法

◆ミトコンドリア DNA 検査法

ミトコンドリア DNA の塩基配列の違いを調べる検査法。母系にしか遺伝しないため、補助検査として使用される。DNA が採取できる確率が高く、検査試料が微量である場合や、劣化が激しい場合の鑑定に適している。

◆Y 染色体 STR 型検査法

男性だけにしか遺伝しない Y 染色体上の STR の繰り返し回数を調べる検査法。同一男系の男子はすべて同じ型を持つので、個人識別能力は高くないが、男系の兄弟鑑定や性犯罪の捜査などで検査される。

ミトコンドリア DNA の遺伝経路

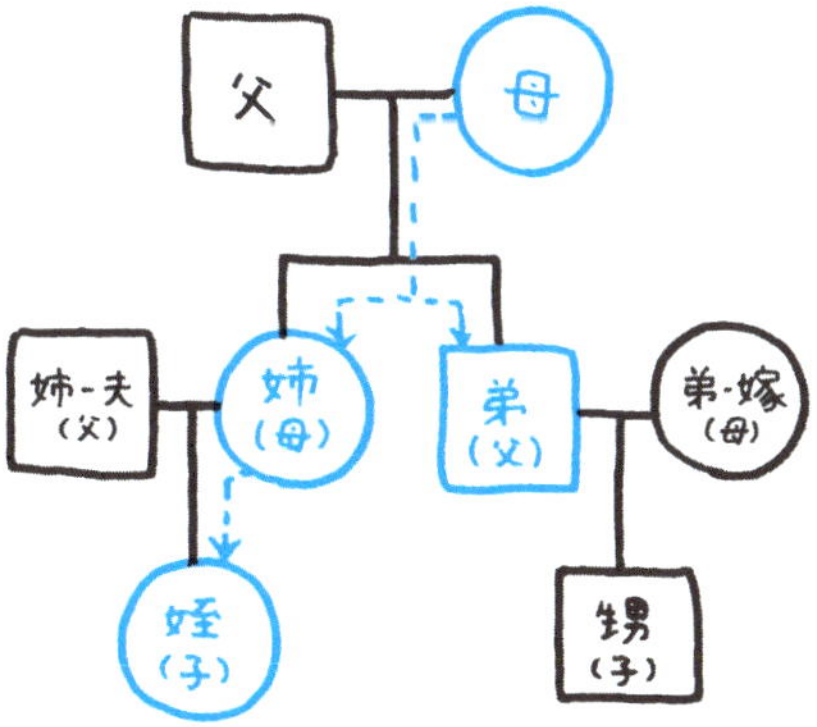
父
母
姉-夫
(父)
姉
(母)
弟
(父)
弟-嫁
(母)
姪
(子)
甥
(子)

＊母の遺伝子は点線の子孫に継承される。

Y 染色体の遺伝経路

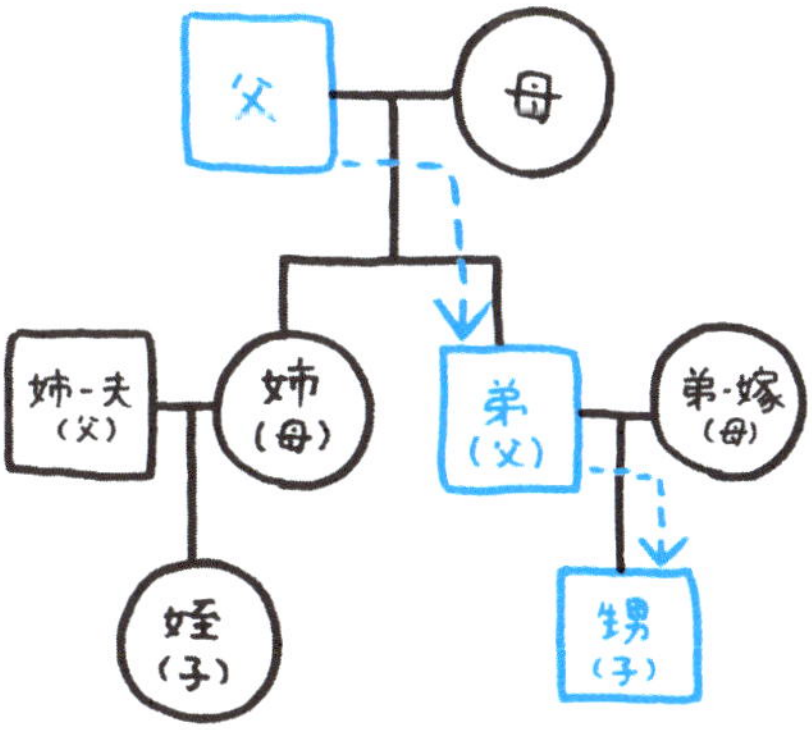
父
母
姉-夫
(父)
姉
(母)
弟
(父)
弟-嫁
(母)
姪
(子)
甥
(子)

＊父の遺伝子は点線の子孫に継承される。

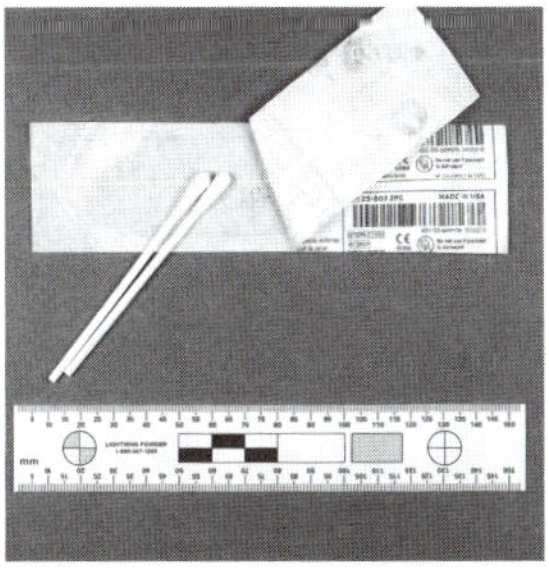

DNA 採取用専用綿棒

DNAは口の中の頬の裏の粘膜（口腔内細胞）を綿棒で採取するんだ！

進歩するＤＮＡ型鑑定

「ＳＮＰ」活用で微量で劣化した試料でも解明

最近の犯罪は複雑をきわめ、ＤＮＡ型鑑定もさらに精密で確実な方法が模索《もさく》されています。そこで注目を浴びているのが、**「ＳＮＰ（スニップ）」**を活用したＤＮＡ型鑑定です。**ＳＮＰとは、ヒトゲノムの塩基配列の中で1塩基だけ別の塩基に置き換わったものをいいます**。一塩基多型《いちえんきたけい》ともいい、複数形はＳＮＰｓ（スニップス）といいます。

人の保有する約30億個ある塩基対の配列のうちＳＮＰは約１０００万ヵ所、このうち遺伝領域には約１００万ヶ所存在します。約１０００塩基に１個の割合でＳＮＰはあるとされています。**このＳＮＰの変異や挿入・欠損を解明することで容姿や体質など人の身体的特徴がわかるようになるといわれています。**

しかし、このＳＮＰ鑑定はひとつの部位では３種類しか分類できません。ただ、多数調べることで、従来のＳＴＲ法でも難しかった、微量の試料や、保存状態が不完全な試料でもＤＮＡ型鑑定が可能となってきています。

今、このＳＮＰは医療の世界でも注目を浴びています。身長や体型などの外見の違い、糖尿病や肥満、高血圧などの疾患のかかりやすさにＳＮＰが関与しているとされる研究が次々と報告されています。そこで、近未来の「**オーダーメイド医療**」への応用が期待されているのです。

また、新しい遺伝子検査におけるＳＮＰ解析に、「ＤＮＡチップ」が使われるようになりました。ＤＮＡチップはガラスやシリコン基板の小さなプレート（チップ）上で同時に数万～数十万の遺伝子をチェックできるようになっているため、一度に大量のＳＮＰの解析が可能となった優れものです。

SNP を DNA 型鑑定に活用する

◆ SNP(一塩基多型)

人の保有する約 30 億個ある塩基対の配列のうち約 1000 塩基に 1 個の割合で存在している塩基の変異部位で、この SNP を解明することで身長、体型など人の身体的特徴がわかるといわれている。微量の試料や、劣化した試料でも DNA 型鑑定が可能になってきている。

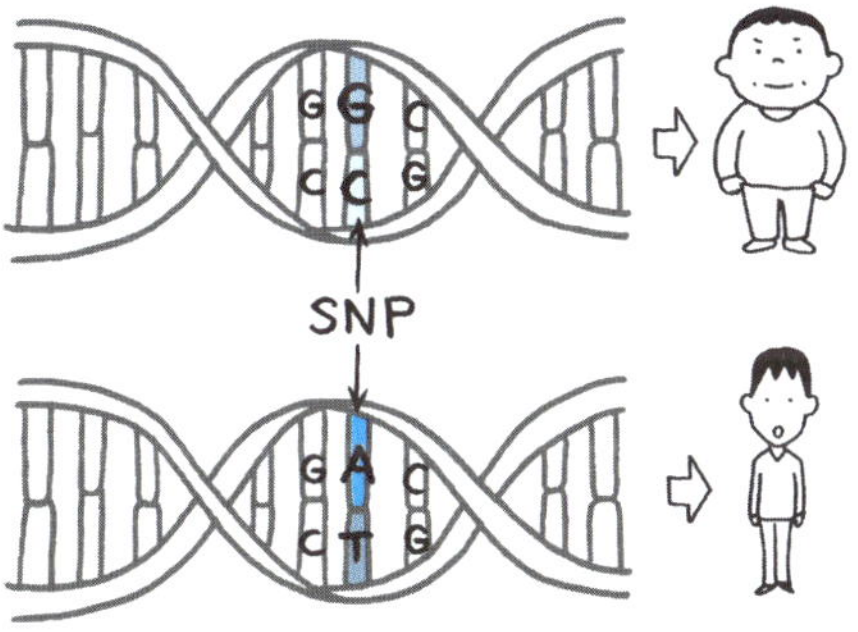
GG C
CC G
SNP
GA C
CT G

個人の容姿や体質の個人差に関わっているといわれる。

◆ DNA チップ

DNA マイクロアレイともいわれ、ひとつのチップで、数万～数十万の遺伝子をチェックできるようになっているため、一度に大量の遺伝子多型（SNP）の解析が可能。

DNA チップ技術を応用した多型検出装置

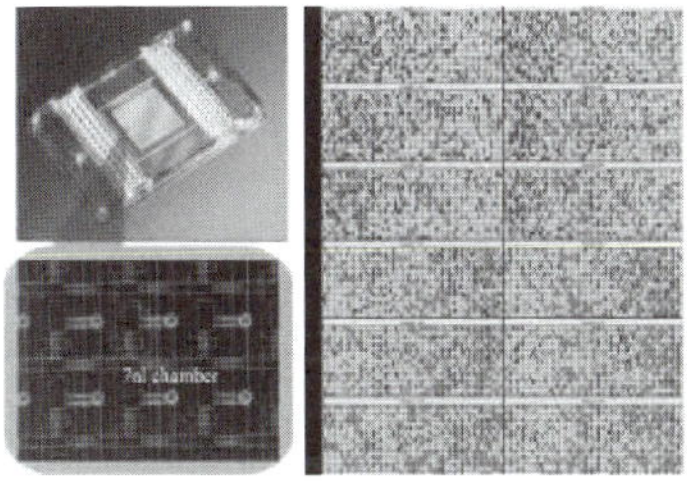

SNP チップと判定結果の例

出典 : 科学警察研究所

日本はDNA型鑑定技術はトップレベル。でも一番進んでいるのはFBIらしいよ！

ＤＮＡは時代を超え、事件の真実を暴く

足利事件などで考える、ＤＮＡの落とし穴

裁判において、ＤＮＡ型鑑定が現行のＳＴＲ法でなく、まだ精度があまり高くなかったころに起こった事件の証拠試料の再鑑定などの検査を行い、真実解明に向けて取り組んでいます。

１９９０年５月、栃木県足利市《あしかが》で女児の遺体が発見され、91年12月に幼稚園のバス運転手だった菅家利和さんが逮捕されました。これが「**足利事件**」です。遺体発見現場周辺から発見された女児の下着に付着していた精液のＤＮＡ型と、菅家さんのＤＮＡ型が一致したことが逮捕の決め手となり、裁判では、２０００年に無期懲役が確定。ところが２００９年４月、遺留物の再鑑定によってＤＮＡ型が一致しないことが判明し、逮捕から18年近い歳月を経て菅家さんは釈放されました。

当時、再鑑定を行った着衣には精液斑《はん》は残っておらず（最初のＤＮＡ型鑑定などで全量消費した）、再鑑定を行っても結果は出ませんでした。他の検査も併用すべきだったともいえますが、女児の下着は1年以上経って川の中で泥だらけの状態で発見されており、対象試料の保存状態の問題も一因でした。他にも、１９６６年に一家４人が放火により死亡した「**袴田事件**《はかまだ》」では、元被告人の袴田巖氏に捜査段階の自白で死刑判決が下りていました。袴田氏は判決の冤罪《えんざい》を訴え、ＤＮＡ型鑑定で再審となりましたが、今も審理中です。

ＤＮＡ型鑑定が事件の争点となって争われたのが「**東電ＯＬ殺害事件**」です。１９９７年、都内アパートで39歳の女性が遺体で見つかり、ネパール人男性を逮捕、無期懲役となったのですが、ＤＮＡ型鑑定で無罪が確定、ネパールに帰国しました。

東電 OL 殺人事件の経緯

◆事件の概要

1997 年、東京渋谷区円山町のアパートの空き部屋で、当時東京電力に勤める女性（当時 39 歳）の遺体が発見、このアパートのオーナーが経営する料理店のネパール人の店長（X）を強盗殺人容疑で逮捕。本人は犯行を否認。

東電 OL 殺人事件の残された遺留物

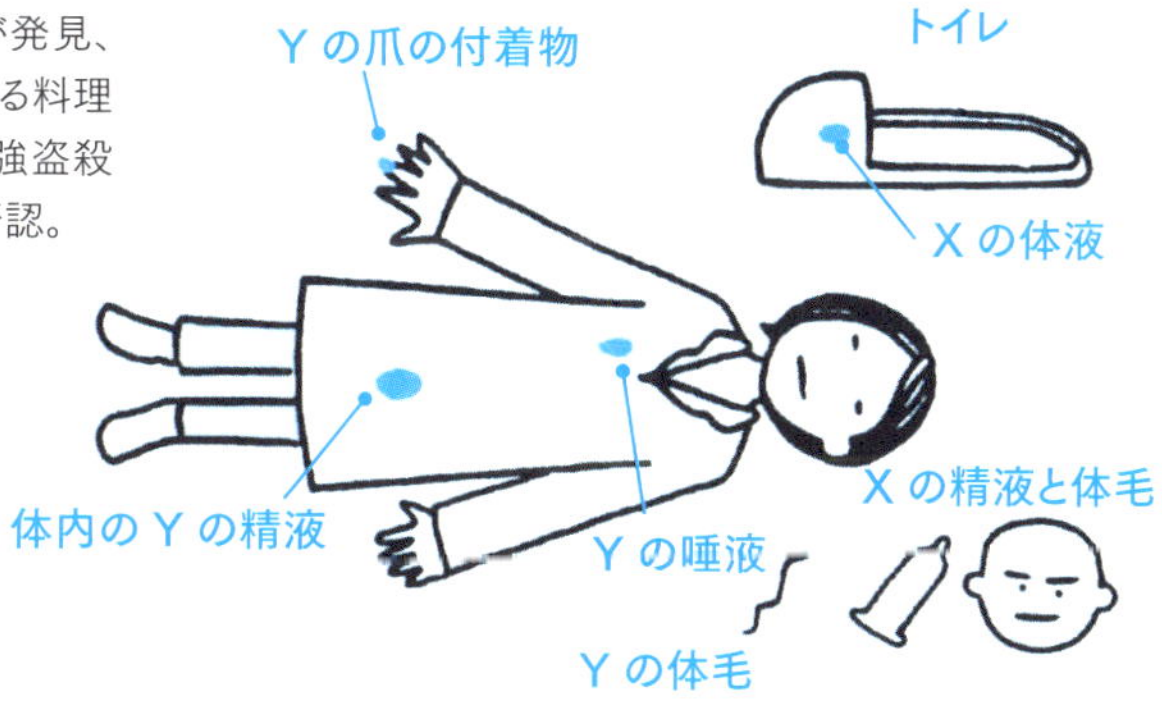
Y の爪の付着物
トイレ
X の体液
X の精液と体毛
体内の Y の精液
Y の唾液
Y の体毛

被疑者・ネパール人男性（X）
第 3 者（不明）の男性（Y）

◆事件の裁判の経緯

第 1 審　2000 年（無罪判決）

遺留物などから、X が現場にいた可能性も否定できないが、立証不十分。

→

控訴審　2003 年（無期懲役）

鑑定により、現場に残された精液と体毛が被告人 X ものと一致するなど、状況証拠ありの理由。

再審請求⇒開始決定

現場で採取され、まだ鑑定されていない物証の DNA 型鑑定を実施。遺体内の精液や別の体毛が X と一致せず、第 3 者のものと判明。被害者の爪から Y の DNA が検出。

→

判決　2012 年

X は無罪　＊未解決事件

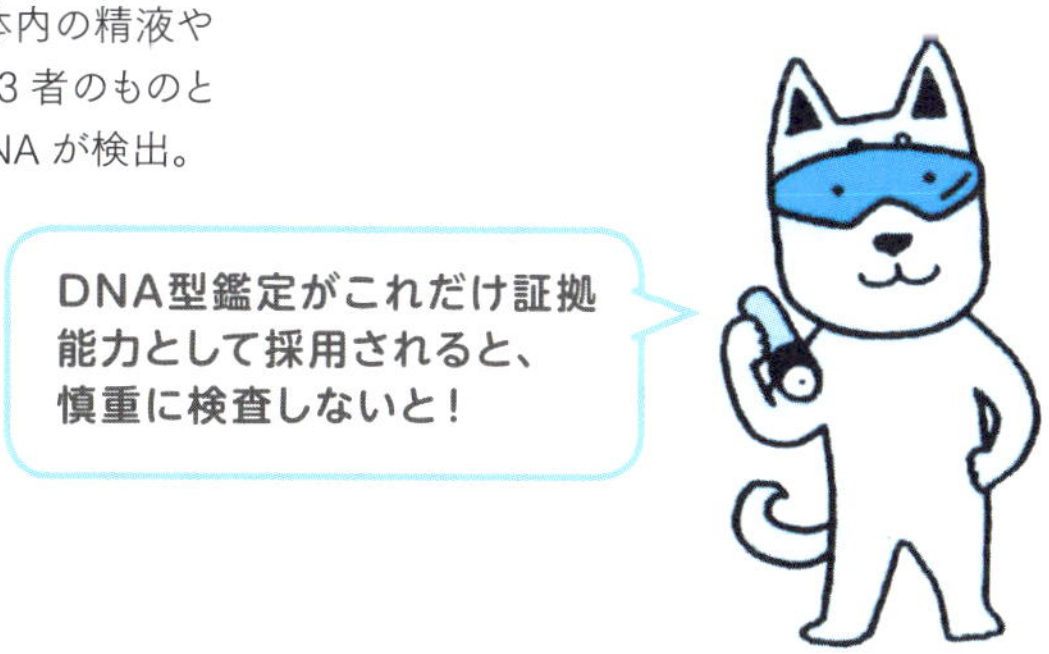
DNA型鑑定がこれだけ証拠
能力として採用されると、
慎重に検査しないと！

コラム

ふたつの異なる遺伝子を持つ「キメラ」

2017年、アメリカ・カリフォルニア州のモデル・シンガーの女性は、自分の体の片側を覆《おお》う皮膚の色が違うのは、自分の双子の兄弟の痕跡であることをDNA型鑑定の結果、知ることとなりました。このように本来、双子で生まれるはずの受精卵が早い段階で合体してしまったり、双子の血液をつくる細胞がもう片方に混ざりこんでしまったりして、両方の遺伝子を持って生まれた人のことを「キメラ」、「DNAキメラ」といいます。

「キメラ」とは、その姿から、ギリシャ神話の怪物キマイラに由来する言葉で、ライオンの頭、蛇の尾、ヤギの胴を持ち、口から火を吐く怪獣です。

また、アメリカ・ワシントン州では、未婚のカップルが生活保護を受けるため、親子証明のために家族全員がDNA型鑑定を受けなくてはなりませんでした。ところが、子ども2人は父親とはDNAが一致したものの、母親とは一致しませんでした。次の出産を迎え、弁護士、検察官、福祉局員を出産に立ち会わせ、生まれたばかりの赤ちゃんのDNA型鑑定をしましたが、今回も一致しなかったのです。そこで、母親の全身50ヵ所からDNAを採取し、鑑定した結果、子宮から検出されたDNAだけが子どもたちと一致し、親子関係は証明されました。

このようにふたつの異なる遺伝子を持つ、キメラといわれる人は70万人にひとりの割合で存在するといわれています。

キメラの語源となった、
ギリシャ神話に由来する怪獣キマイラ

第3章

見えない犯人を追い込む
画像鑑定

防犯カメラは街の警察官

犯罪抑止と足取り捜査に威力

最新技術の防犯・監視カメラは急速に性能が向上し、犯罪抑止の効果はもちろん、犯罪捜査にも積極的に活用され、犯人を逮捕するという実績もあげています。

２０１６年の日本全国の防犯・監視カメラの設置台数は約５００万台と推定されていますが、監視大国といわれるイギリスでは、推定６００万台のカメラが存在し、２００５年のロンドン同時爆破テロでは、実行犯の特定に一役買いました。

警視庁では街頭防犯カメラの他に事件や事故が発生したときに、通報ボタンを押すとインターホンで警察官と通話ができる「**スーパー防犯灯**」を道路や公園に整備しました。

さらに２００２年、繁華街の防犯対策の一環として「**街頭防犯カメラシステム**」を導入し、新宿歌舞伎町地区に、ドームカメラ44台、固定カメラ11台の計55台が設置され、撮影した映像は新宿警察署と警視庁本部に送られ、高い効果を上げています。また、渋谷地区や池袋地区などでも同様の運用がされています。警視庁は東京五輪開催に向けて、最先端技術の活用と官民パートナーシップの構築によるテロ対策のための「**非常時映像伝送システム**」の導入を検討しています。

これは民間の防犯カメラの映像を緊急時に警視庁に送信するシステムで、手始めに東京メトロが設置するすべての防犯カメラ映像を専用回線で警視庁に送信し、テロや事故災害時にリアルタイムで対応し、正確な状況の把握をして2次被害の防止を目的としたもので、すでに試験運用が始まっています。

防犯カメラの現状

◆街頭カメラシステム

犯罪が発生する可能性が高い繁華街における犯罪予防と被害を未然に防ぐためのシステム。撮影した映像を常時モニター画面に映し出し、録画する。

新宿区
歌舞伎町地区
ネットワーク回線網
新宿警察署

警視庁本部

ドームカメラ
照明器具のようで威圧感が少ない。

ボックスカメラ
存在感があり、防犯効果が高い。

出典：警視庁生活安全カメラセンター

◆世界の防犯カメラ設置事情

○イギリス

国民ひとりあたりの台数が世界最多で「監視大国」といわれている。推定600万台の監視カメラが存在し、約200万台はロンドンにある。

○アメリカ

凶悪犯罪やテロ対策として、各州の組織を超えインターネット回線を介して、映像を共有できるシステムを構築。

○中国

世界最大の監視カメラネットワークを構築しつつある。多くのカメラに人工知能のAIが搭載され、顔認識や歩容認識も取り入れられている。近い将来には推定4億台のカメラが設置されるという。

ポーランドでは
防犯カメラの代わりに
おばあちゃんたちが
にらみを利かせて
声をかけるんだって！

防犯カメラの不鮮明画像の処理法

画像の近接化と先鋭化

科学捜査の主役は今や画像解析になりつつあります。しかし、防犯・監視カメラの性能はまちまちで画質が粗《あら》く不鮮明な画像もあり、まず画像の処理をしなければなりません。

防犯カメラの映像を拡大すると、モザイクがかかったように四角い「**ピクセル**」というマス目が並んだ状態になります。

このままでは顔立ちが認識できないので、そのマス目に「**近接化処理**」を施《ほどこ》します。

近接化処理とは、マス目とマス目の境界をぼかしていくことで、輪郭や目鼻立ちがわかってきます。これは「ガウス分散処理」とも呼ばれます。

続いて、**色と色の境界部分をより際立たせるため、コントラスト調整やガンマ補正、露出補正などの「先鋭化処理」を行うことで、平坦だった画像が立体感のある自然な画像となり、ある程度人相が判別できるようになってきます。**

しかし、それだけで個人を特定できることは少なく、画像処理を行った防犯カメラ画像と、別に撮影した被疑者の顔写真を照合し、同一人物かどうかを確認する必要があります（56ページ参照）。

このように簡単に説明すると、その処理も簡単に思えるかもしれませんが、１００種類もある防犯カメラの規格は統一されておらず、解析ソフトや解析手段はその都度変えなくてはいけないので大変な作業です。

最終的に犯人の人相をほぼ特定できるまで画像を鮮明にすることができるのは、十分な経験と技術を持った解析者の腕にかかっているのです。

防犯カメラの画像処理法

◆近接処理

画像を拡大すると、モザイクがかかったような四角いピクセルのマス目が並ぶ。このマス目とマス目の境界をぼかし、顔の輪郭や目鼻立ちのパーツ配置が確認できるようにする処理。ガウス分散処理ともいわれる。

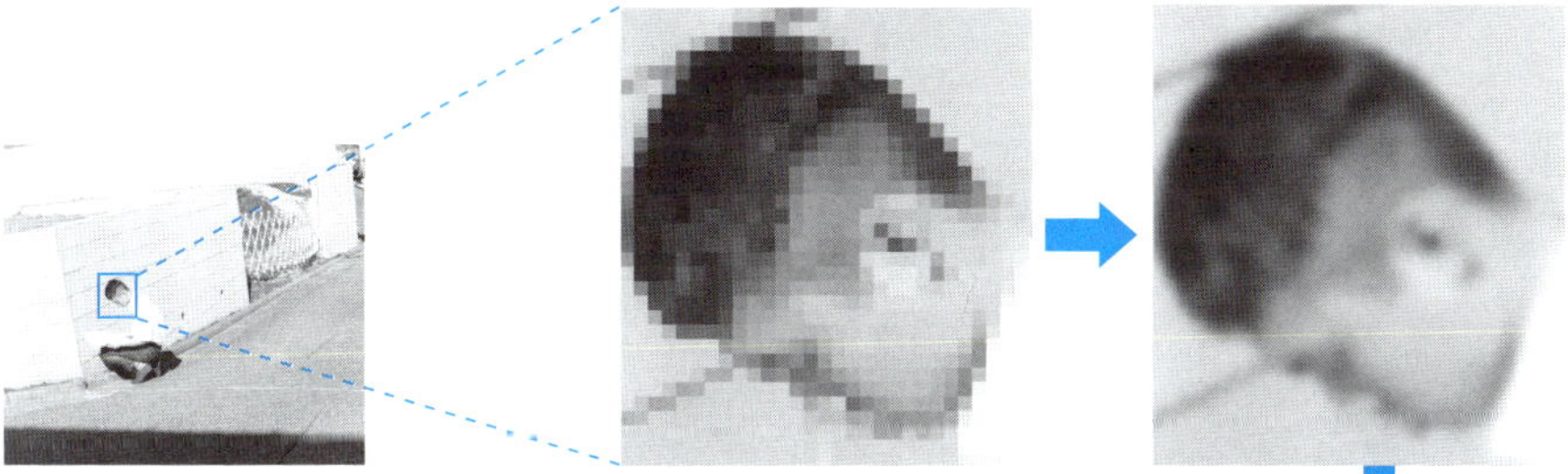

＊画像はイメージです。

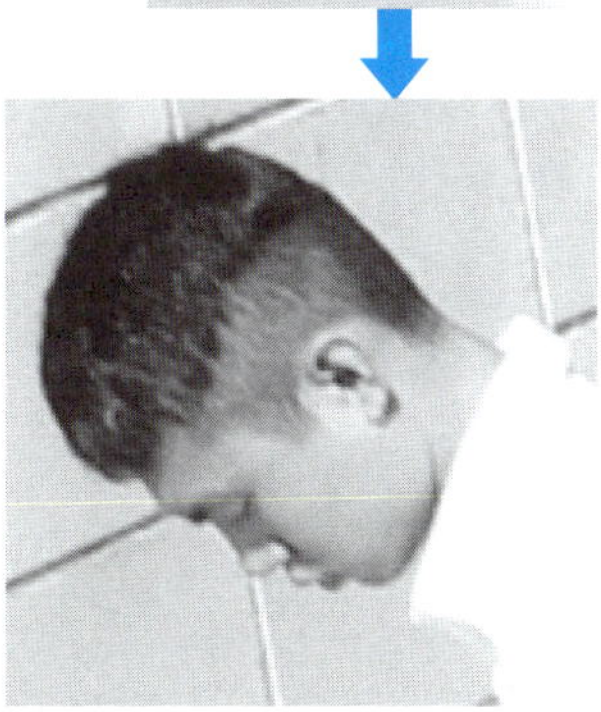

◆先鋭化処理

コントラスト調整やガンマ補正などの処理で、色と色の境界部分を強調することで画像に抑揚《よくよう》が加わり、立体感のある自然な画像になり、ある程度人相が判別できるようになる。

＊登場している人物は、本物の被疑者ではありません。

◆特殊画像や解析による犯人の追跡

○犯人の顔の画像から、変装していると思われる何種類かの画像を作成して、目撃情報を得る。
○消された受傷痕を、時間が経って、サーモグラフィーで浮き彫りにし、犯人を特定をする。
○子どもの頃の行方不明者や何年間もの間、逃亡している犯人の現在の顔写真をコンピュータのイメージソフトで予想する。

変装画像を作成する

顔の特徴点を引出し、防犯カメラ画像と照合

被疑者の顔写真画像を３Ｄ化する

前項で鮮明化した防犯カメラの映像が被疑者と同一か否かについて、顔の異同識別を行う必要があります。

顔の異同識別は防犯カメラの映像と同じ角度の写真が必要となるため、被疑者写真から３Ｄの顔画像を作成する必要があります。

３Ｄ顔画像データの作成には「顔の特徴点」を利用します。この特徴点とは顔の解剖学的な特徴をいい、顔の構成は眼窩部《がんかぶ》、鼻部、頬部のように８ヵ所に分類され、それぞれについて上眼瞼《じょうがんけん》（上まぶた）、鼻背《びはい》部のように細分化されています。

人間の顔には２５６ヵ所におよぶ特徴点があります。**これらの特徴点を三角測量の要領で計測し位置関係を割り出して、顔の３Ｄ画像を作成します。できあがった３Ｄ画像と鮮明化した防犯カメラの映像とを重ね合わせ、それぞれの顔の特徴点が矛盾なく整合するかを検証します。**各特徴点の座標が一致し、統計学的に同一人物と判定できるか誤差を踏まえて解析し、矛盾点が見つからなかったとき、初めて両者が同一人物だと認められるのです。

なお、顔の骨格に由来する特徴点は整形手術でも変えられないため、整形や体形変化は通用しません。

英国人女性を殺害し、整形を重ねながら逃亡した市橋達也受刑者、丸顔から痩せて細面に変わっていたオウム真理教の菊池直子元信徒など、手配写真と逮捕時の人相が大きく変わっている例は少なくありませんが、どんなに表面的に変貌していても、特徴点を用いた顔写真で解析すれば、異同識別は可能となります。

顔の解剖学的特徴点と3D化

◆顔の解剖学的特徴点

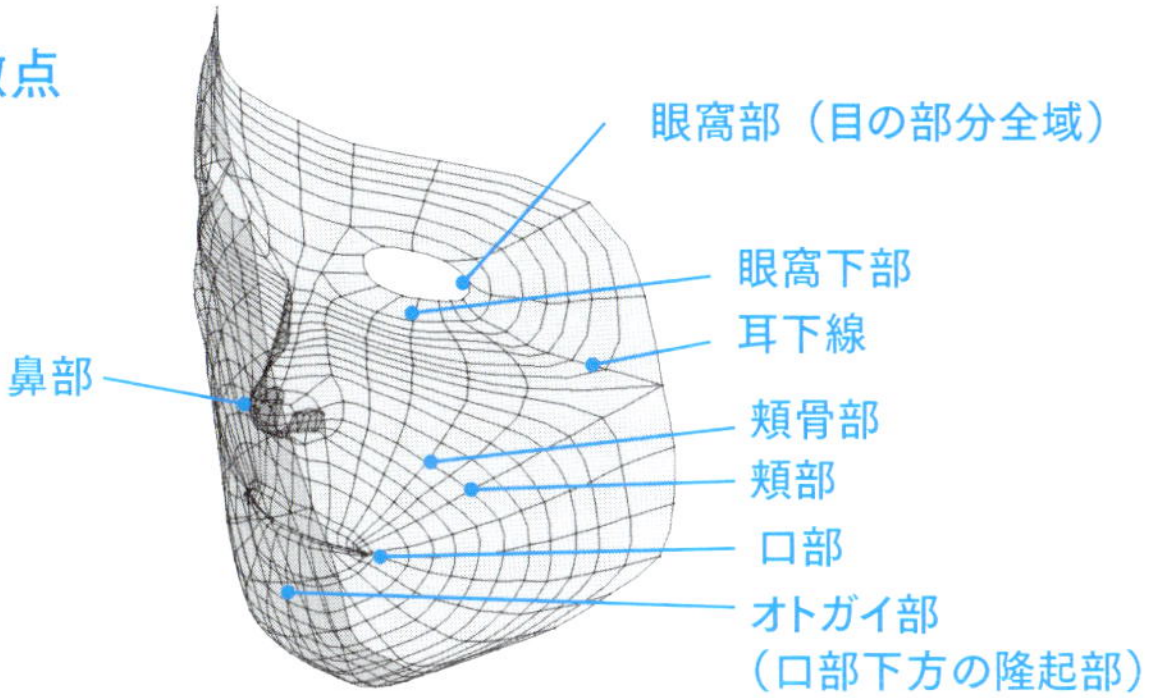
眼窩部（目の部分全域）
眼窩下部
耳下線
鼻部
頬骨部
頬部
口部
オトガイ部
（口部下方の隆起部）

○被疑者の顔写真を3D化する

鼻の頂点など、決定した輪郭部の特徴点を始点として、三角測量の要領で次々に他の特徴点の位置関係を割り出し、3D画像をつくる。

＊画像はイメージです。

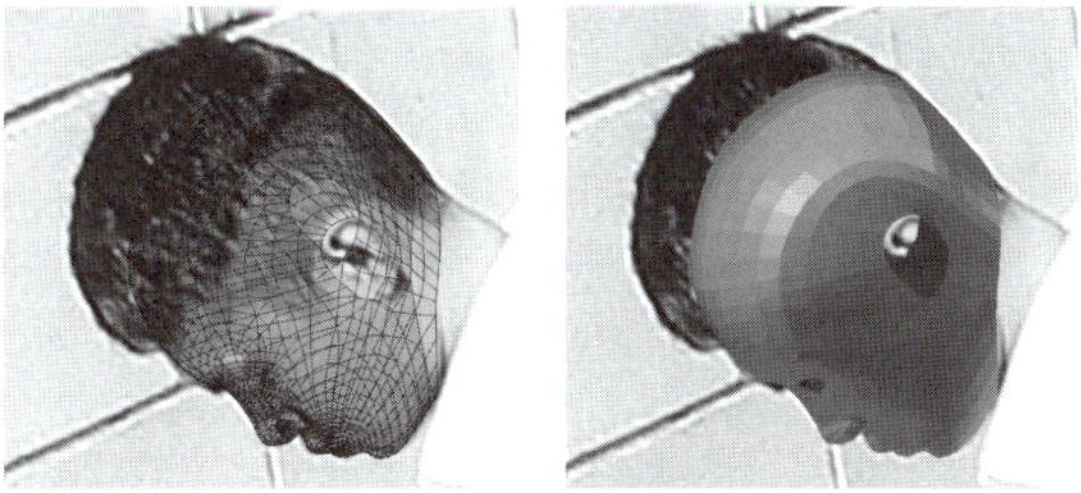

○ 3次元顔画像識別システム

被疑者の3D画像データを、防犯カメラの被疑者の画像と同じ大きさ、同じ角度で顔の形態を解析するシステム。高い精度で個人識別ができる。

出典：科学警察研究所
https://www.nap.go.jp/

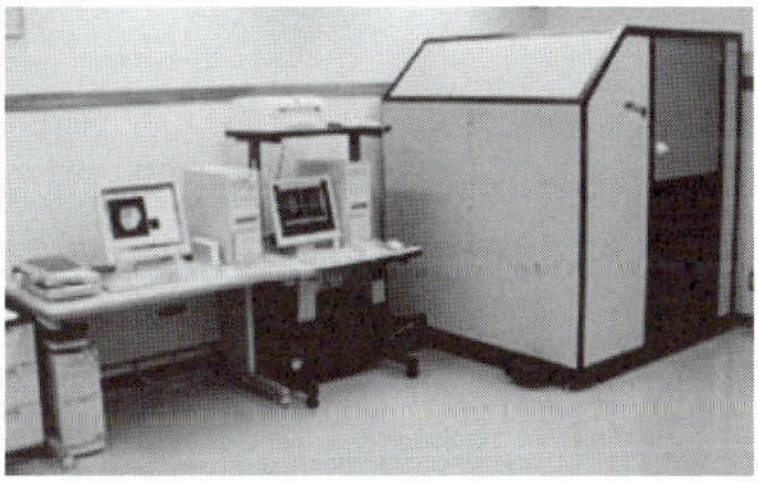

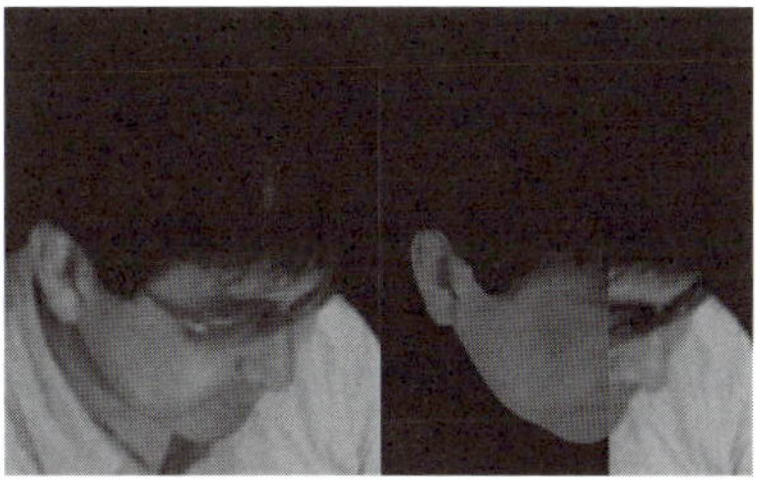
2Dカメラ画像と3D画像を重ね合せる

人の目と目の間の距離、
左右の目と鼻の間の
距離は整形しても
変えられないんだ！

骨格は変えることはできない？

骨格の３Ｄ化、逆演算投影法で被疑者と照合

テレビなどでよく、「犯人の身長は１７０センチメートル前後」などと報じられることがありますが、日常生活において、人は座ったり、作業をしたり、歩いたりと、計測した身長と同じ背の高さを保っている機会はそれほど多くないはずです。

たとえ身長が同じでも、人は脂肪や筋肉の量によって、見た目の印象は大きく変わってしまうので、目撃情報は十分な検討が必要です。見た目の誤差を10％程度に設定すると、日本人男性の80％がこの身長分布にあてはまり、被疑者を特定する情報としてはあまり意味がありません。

しかし、骨格だけは変えることができません。

そこで、**骨格の３Ｄモデルをつくり、照合すれば被疑者が防犯カメラの画像の人物（犯人）かどうかの判断に非常に貴重な情報となります。**

実際の画像から計測して得られたデータをもとに３Ｄモデルをつくり、仮想空間内で画像と同じ姿勢やポーズをつくり、それを防犯カメラの画像と重ね合わせて同一かどうかを検証する方法です。この方法を「**逆演算投影法**」と呼んでいます。

骨格においての特徴点は、関節の位置、関節と関節との間の距離、正確にいえば各関節間距離の構成比、つまり全身のバランスです。**被疑者の全身を撮影した画像に頭蓋骨や首、肩などに特徴点を打ち、各関節の位置を割り出しながら、仮想の骨格をつくり出します。**

顔の場合と同様に、距離のわかっている２つの地点から目標方向の角度を計測し、高さを出す三角測量の要領でつくっていきます。

逆演算投影法による骨格の3D化

○逆演算投影法の流れ

①被疑者の全身の写真を撮影する。

②頭蓋骨、首、肩などに特徴点を打ちながら、周囲に広げていく。

③各関節の位置と関節間の距離を踏まえて、頭部から上半身、下半身と仮想骨格をつくっていく。

④全身の骨格が浮かび上がったら、骨格に色づけをする。

⑤骨格図が完成したら照合したい防犯カメラ画像と同じポーズをとらせ、重ね合せて照合する。ほぼズレがなく重なり合えば、被疑者の身長が推測できる。

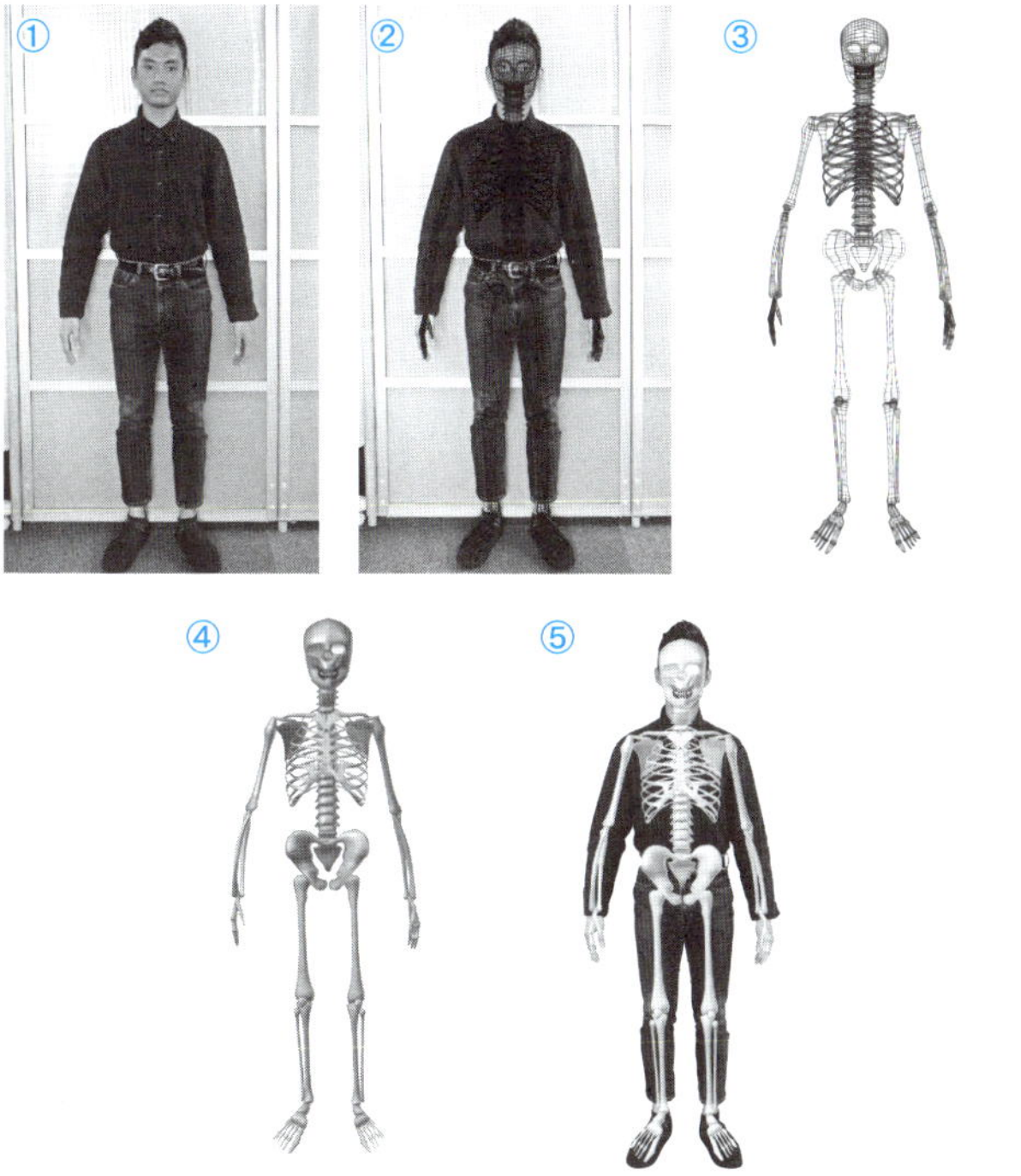

＊画像に登場している人物は、本物の被疑者ではありません。画像はイメージです。

○三角測量の原理

距離のわかっている２つの地点から、目標方向の角度Ｂを計測し、三角関数を用いて距離Ｙを計算する方法。

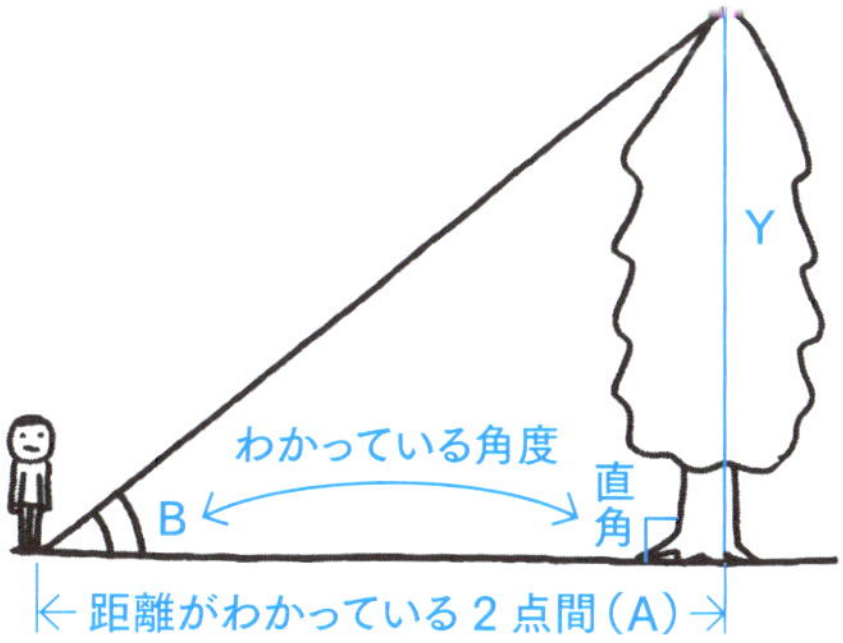

技術革新がすごい顔認証システム

国際空港ターミナルの入出国ゲート

顔認識システムは、防犯・監視カメラのみならず、現代では多くの人が持っているスマートフォン、携帯電話、ノートパソコンなどにカメラが搭載されるほど一般化してきました。「**顔認識**」と「**顔認証**」は似ていますが、厳密には分けています。

顔認識は、デジタルカメラのように、画像から人間の顔を検出し、性別、表情などを識別するシステムで、防犯カメラやスマートフォンなどにも使われています。輪郭と目・鼻・口といった顔のパーツの位置関係から顔を識別します。近年では、同時にたくさんの顔を識別し、特定の個人の顔を識別したままカメラで追跡することも可能です。

顔認証は、撮影された顔写真やカメラ映像をもとに、事前に登録した顔画像データと照合して、登録されている本人かどうかを確認するシステムです。顔認証は顔認識よりさらに一歩進んだシステムです。現在、顔認証システムは犯罪捜査の他に、建物や部屋の入退室や、ゲートの通行、チケットの転売防止などの本人確認の目的で利用されることも多くなっています。

２０１７年10月に、羽田空港国際線ターミナルに出入国手続きのための顔認証ゲートが設置されました。旅券から読み取った顔画像と、その場で撮影した旅客の顔画像を照合する仕組みです。顔の特徴点を利用したシステムで、帽子やマスクなどをつけていた場合は、パスポートに記録された顔と照合できず通過できません。これまでは審査官がひとりずつ確認していましたが、ひとりの審査官が複数のゲートを同時チェックできるので、時間短縮やテロ対策強化に貢献するシステムです。

広がる顔認証システムの実用化

◆顔認識（FACE　RECOGNITION）

検出された人の顔から性別、年齢、表情などを識別する。

◆顔認証（FACE　AUTHENTICATION）

検出した顔画像データを事前に登録されているデータと照合する。犯罪捜査やゲートの通行、チケットの販売防止などに利用されている。

◆国際空港ターミナルの顔認証システム

＊現在は、国内の多くの国際線ターミナルに設置されています。

②ハーフミラーの画面に顔を向け、顔写真を撮影する。

①ICチップが内蔵されたパスポートを手元のスキャナーにかざし画像データを読み込ませる。

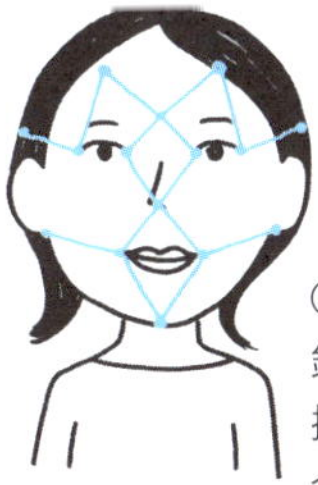

③ICチップに記録された写真と、撮影した画像を照合する。

④審査官が同一人物と確認、ゲートが開いて審査が終了する。

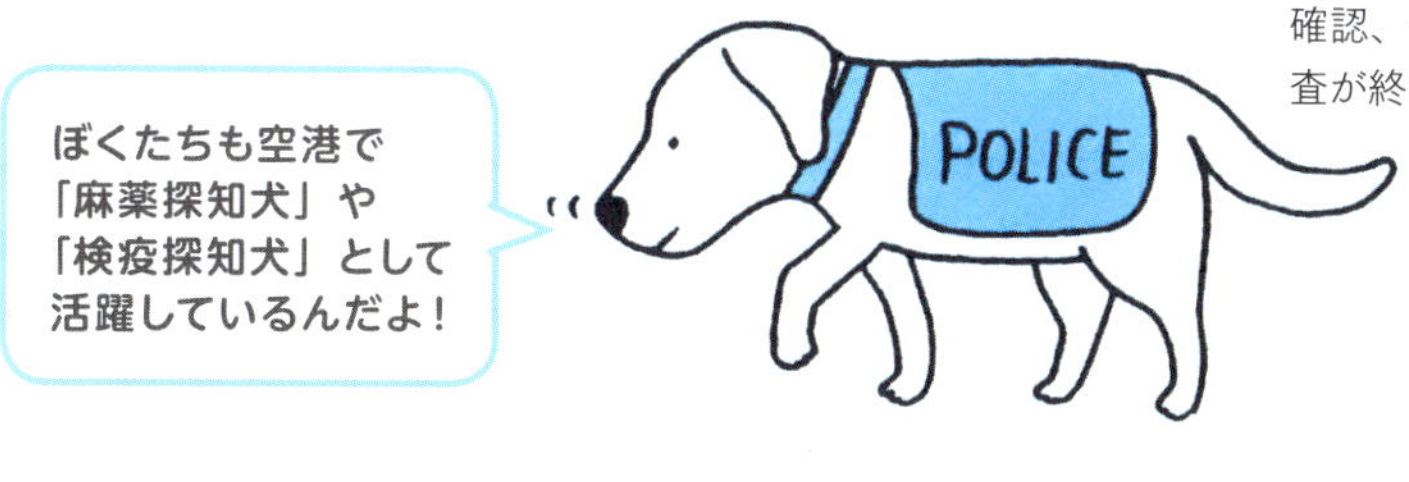
ぼくたちも空港で
「麻薬探知犬」や
「検疫探知犬」として
活躍しているんだよ！
POLICE

逃走車を画像システムで割り出す

車両の３Ｄ化で車種を特定する

ひき逃げや誘拐など、さまざまな犯行に車が使われることは少なくありません。犯行車両も画像解析によって車種の特定ができれば、重要な事件解決の糸口となります。

猛スピードで逃走する車両を、道路に設置された防犯カメラが捉《とら》えていても、画像の粗さと対象車両が高速移動しているため、搭乗者やナンバーを見分けることはほとんど不可能です。

しかし、画像解析を行うことで車両の特定が可能になります。まず、**画像の近接化、先鋭化をしボディラインを浮き彫りにし、同時に車種の割り出しを行います**。全国で規格が統一されている横断歩道やガードレール、マンホールなど、大きさの指標となる物体が映っていれば、それと比較対照して、車両のサイズを割り出すことが可能です。

次に、ヘッドランプやテールランプなどの形やルーフの形などを、人間の顔の特徴点をつなげていくのと同じ要領で、それぞれをうまくつないでいくとボディラインの形状が少しずつ明らかになります。**全体像の３Ｄ化をし、国土交通省の車両データベースと照合すれば、かなり高い精度で車種の特定ができます**。

車は個人差が多様な人の顔と違い、形のパターンが限られているため、人物を特定するより比較的容易に車種の特定ができます。

また、全国の主要道路には１６００ヵ所以上の**自動車ナンバー自動読み取り装置（Ｎシステム）**が設置されており、通過したすべての車のナンバーを自動的に読み取り記録し、犯罪に使われた可能性がある車や盗難車を探すのに活用されています。

逃走車の画像解析

①防犯カメラに映った逃走する車。画像が粗く車種を識別できない。

②画像の近接化、先鋭化をしてからボディサイズの割り出しを行う。全国で規格統一さている物体が映っていれば、それと比較する。

③車の特徴点（ヘッドライト・テールランプなど）をつないでボディラインを明らかにする。

④車の3D画像を完成させ、車両のデータベースと照合し、車種を特定する。

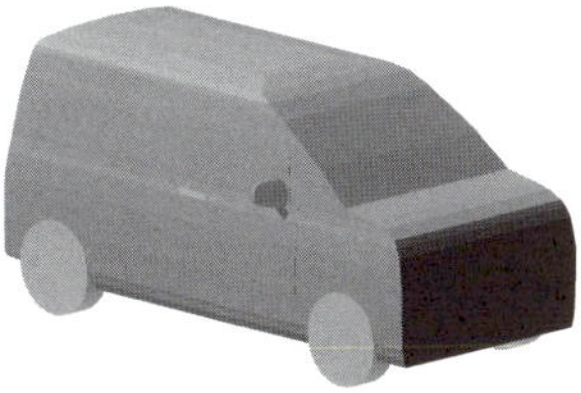

＊画像はイメージです。

◆走行車両を取り締まる画像システム

○Nシステム（自動車ナンバー自動読み取り装置）

全国の主要国道や高速道路に約1600ヵ所設置されている。走行中の車のナンバーを読み取るシステム。

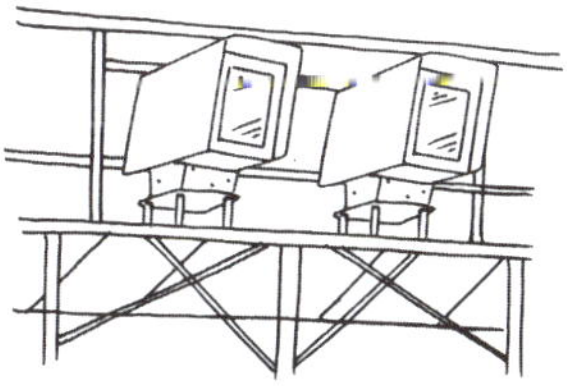

高速道路に設置されている
Nシステムのカメラ

○オービス（自動速度違反取締装置）

道路を走行する車の速度違反を、自動的に記録、取り締まるスピード測定装置。オービスとはラテン語で「眼」を意味する。

○プレスリー（低解像度ナンバー推定プログラム）

大分県警が開発。防犯カメラに映るナンバープレートは読み取りにくい。そこで、数字部分のピクセルパターンから、いくつかのナンバー候補を推定し、絞り込み捜査を可能にする。

ナンバープレートの番号を推定する解析プログラム。

コラム

新技術と融合する防犯カメラ

防犯・監視カメラは数が増えただけではなく、今後ますます多様化が期待されます。

例えば、「走る防犯カメラ」といわれるドライブレコーダーは、すでに、あおり運転などによる事故解明のために、一般乗用車に設置する動きが広がっており、裁判の証拠としても認められています。また、カメラを搭載し、施設内を巡回する警備ロボットや、空の産業革命といわれる、ドローンに防犯カメラを搭載した「空飛ぶ防犯カメラ」も登場しました。

また、顔認証システムは、人口知能（ＡＩ）と融合して進歩しており、スーパーなどの万引き対策カメラは、不審な動きを繰り返す人物や歩き方の特徴、筋肉の微妙な震《ふる》えまでとらえます。

さらに、キリンビバレッジは東京都足立区の西新井警察署と提携し、「見守り自動販売機」という小型カメラを内蔵した、見守り機能をつけた自動販売機の展開を２０１８年夏より始めています。

小型カメラを自販機の前面に並ぶ商品サンプル内に設置し、仮に周辺で犯罪が発生した場合は、記録した映像を警察署に提供し捜査活動に活用してもらおうというものです。

アサヒ飲料も、ＩｏＴ（Internet of Things）技術を活用し、自販機の見守りサービス実証実験を墨田区で開始しました。

ドローンに防犯カメラを搭載
「空飛ぶ防犯カメラ」

第4章

微細な遺留物から事件を解明する成分鑑定

見えない遺留品を照らす、科学捜査用「ＡＬＳ」

指紋、血液、足跡あらゆる痕跡を可視化する

肉眼では見えない遺留指紋を潜在指紋ということは前述しました。さまざまな検出方法で採取するのですが、では、なぜ目に見えないはずの潜在指紋がそこにあるのがわかるのでしょうか？

それは励起《れいき》光源機器「ＡＬＳ」（＝Alternative Light Sources）というライトを使用することで、見えない潜在指紋がはっきりと見えてくるのです。

ＡＬＳは、可視光線・赤外線・紫外線などの、特定の波長の光を照射することで、目には見えない証拠を可視化する科学捜査用のライトです。

一部の物質は、ある一定の波長の光を吸収し、違う波長で発光する性質を持っています。これを「ルミネッセンス」と呼びます。ルミネッセンスとは、物質が電磁波や熱、摩擦《まさつ》などにより、エネルギーを受け取り、その受け取ったエネルギーを特定波長の光として放出する発光現象のことです。

この光の特性を応用し、**痕跡《こんせき》によって使い分けた波長の光を照射し、同時にゴーグルを使って邪魔な波長の光を遮断《しゃだん》します。すると、目には見えなかったモノが見えてくるのです。**

ただ、太陽光や蛍光灯のような、白色光に照らされると見えにくいために、暗くしてから作業に取りかかります。

１９７０年、光を科学捜査に応用し実用化に成功したのはカナダ警察でした。大きな検査設備と多大な検査費用のため、現場では使用できませんでした。

しかし、現在では小型で強力なコードレスのＡＬＳが開発され、事件現場の最前線で光学検査が実施されるようになりました。

ALSで何が見えるか？

◆ ALSの光の色と特徴

ALSとは、可視光・赤外線・紫外線などの、特定の波長の光を照射することで、目には見えないさまざまな証拠を可視化するシステム。

白　一般的なフラッシュライト
赤　長波長のため、物質に対しての透過率が高い
橙　通常はあまり使用されない
緑　左は黄色が強く、右は黄色の薄い黄緑
青　左は青、右はやや紫がかった藍色
紫　幅広く対応する

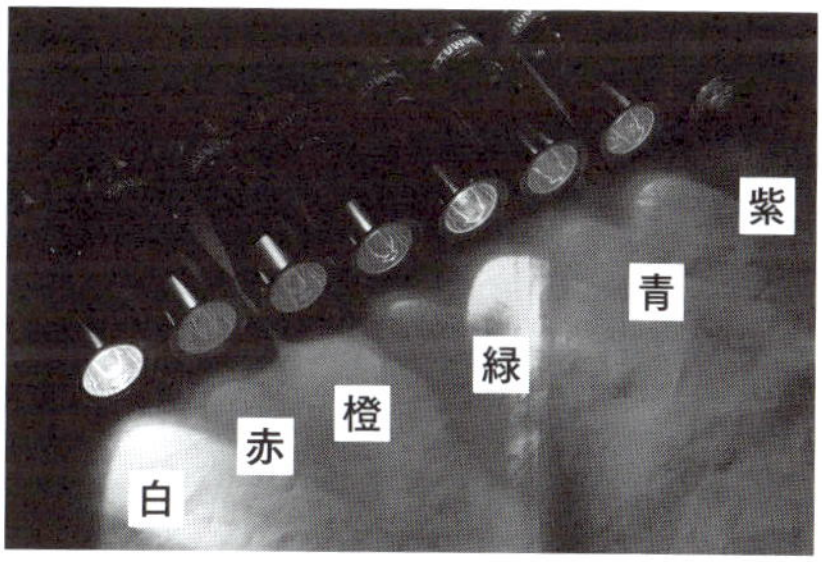
紫
青
緑
橙
赤
白

◆ ALSの波長（nm・ナノメートル）と見えるもの

可視光線といわれる電磁波の波長の下界は360～400（nm)、それより短いものを紫外線、上界は760～830（nm）これより長いのもを赤外線と呼ぶ。

ALS 波長 nm	使用対象
385・紫	打撲痕、あざ、血液、精液、唾液、尿、毛髪、繊維、足跡、古文書など
455・藍	血液、精液、唾液、尿、骨片、足跡
470・青	塗料、足跡、偽造パスポート
505・緑	指紋、足跡
530・黄緑	指紋、繊維
590・黄	蛍光線維、ガラス
625・橙	毛髪、繊維、燃焼の痕跡
850・赤	偽造紙幣

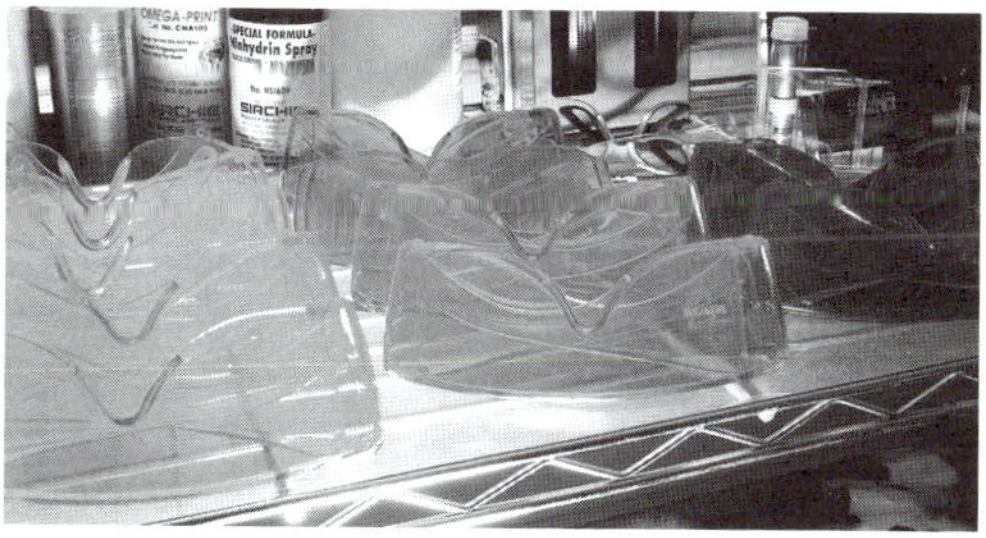
OMEGA-PRINT
SPECIAL FORMULA
Ninhydrin Spray

ゴーグルとライトの
組合せで光の色を
変えると、一瞬で痕跡が
浮かび上がってくる。
マジックだ！

血痕で推測できる犯行の真実

ルミノール反応や血痕の形状を調べる

犯行現場や事故現場における血痕は、まず、外観形状を捜査官が目視で探査します。犯行状況や事故状況を推測する、最も重要な証拠となります。

血痕はたとえ死体がなくても、そこで流血の事態があったことを決定づけ、血痕の形、出血量などから殺害方法、犯行時間、凶器の種類に至るまで、さまざま現場状況がわかってきます。

その中でも、血痕の形状の観察は非常に重要です。**血痕は飛散や落下の過程で形を変えるため、形や飛散方向の推定から犯人の動きや犯行状況などの情報が得られるのです。**血痕の付着には一定の法則が存在し、そこから、出血した被疑者の位置や現場状況も推定することが可能な場合もあるのです。従って、血痕らしきものが発見されると、まず初めに血痕鑑定で最も重要な外観検査（形態検査）と周辺の観察が念入りに実施されます。

肉眼で血痕の疑いありとしても、本当に血痕なのか否《いな》かを識別できない場合があるので、事前検査と本検査の2段階に分けて検査し、残されたものが血痕か否かを確認します。

事前検査は肉眼で判別がつくものは、ロイコマラカイトグリーンという試薬と過酸化水素水の混合液を滴下、血痕であれば青緑色に変色します。**肉眼で判別できないものは、「ルミノール」の試薬を使います。**ルミノールは血液に触れると血液中のヘモグロビンと反応して、青白い蛍光色を発するので、潜在血痕が存在するか否かの判断ができます。

本検査では、さらに血液に間違いないかどうかを確定するために、「ヘモクロモーゲン結晶法」や「血球検査」などで確認します。

血痕で推測する犯行状況

◆ルミノール反応で調べる

血痕の色は新鮮なときは赤色だが、時間の経過とともに褐色・黄色へと変化する。そこで犯行現場に血痕らしきものがあっても、目視ではそれが血痕かどうか判断できない。そんなときに使うのがルミノールだ。ルミノールの試薬を使うと、血液中のヘモクロビンに含まれたヘムが反応して、暗いところで青白い蛍光反応を示す。

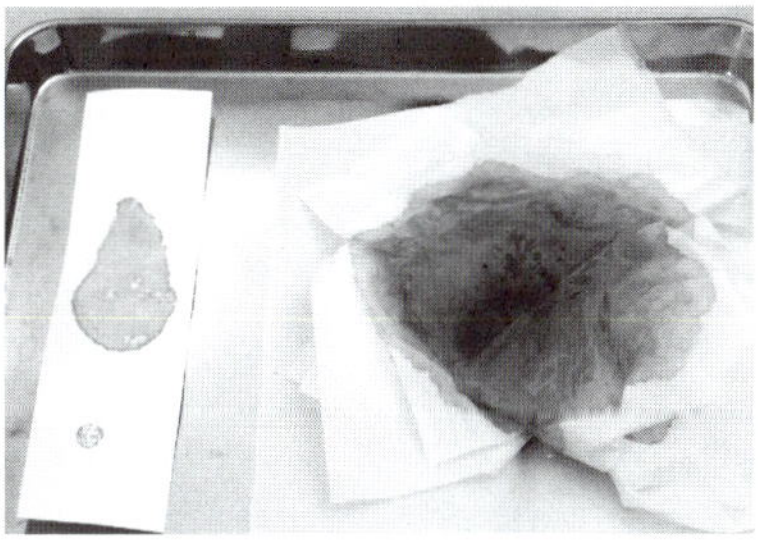

布の大きなシミは何か？

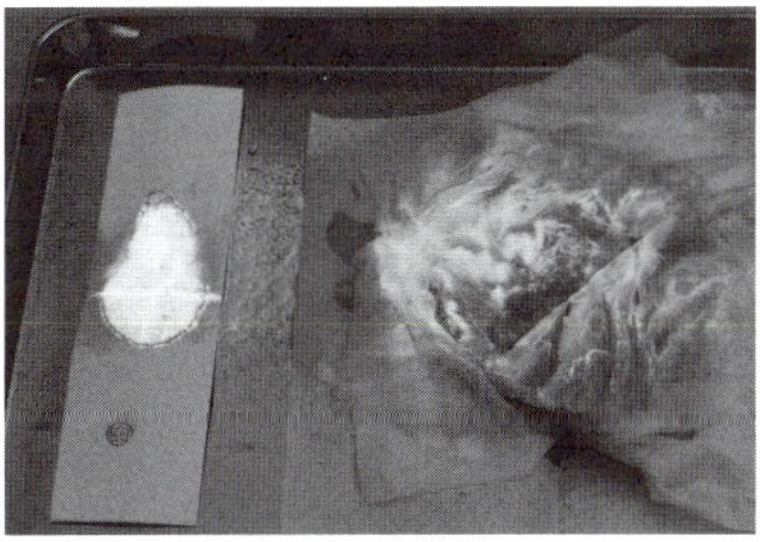

ルミノール反応で陽性反応あり！

◆血痕の形で犯行状況を推測する

①垂直に落下した滴下痕の形状。
②少し高い所から落ちた血痕で、形が崩れやすい。
③コンクリートのように固く凹凸のある部分に落ちた血痕。
④凶器からしたたり落ちた血や、あまり動かない被害者の傷口からたれた血痕。
⑤バットや棒などで殴られ、飛び散った血痕。
⑥銃で撃たれたときなどに飛び散った飛沫痕。

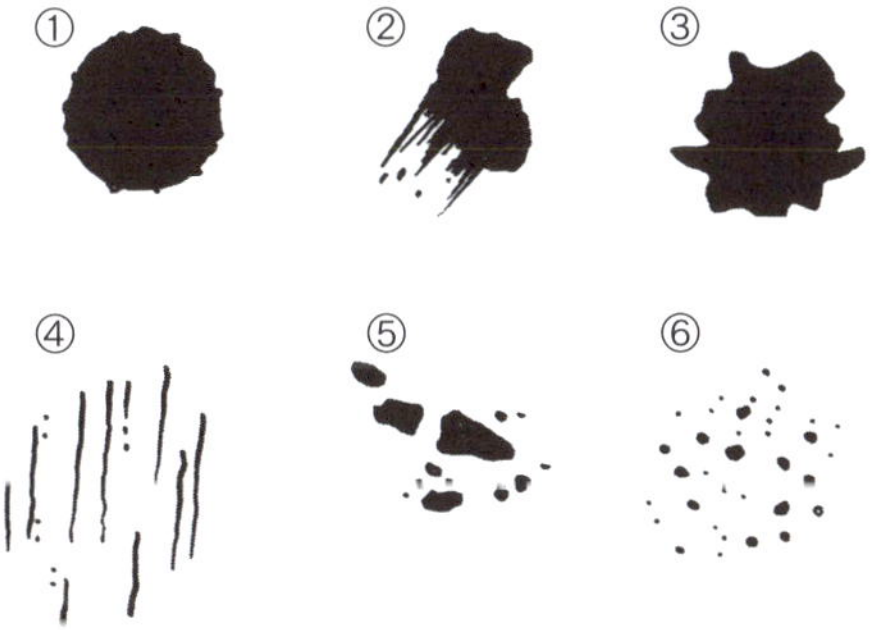
①
②
③
④
⑤
⑥

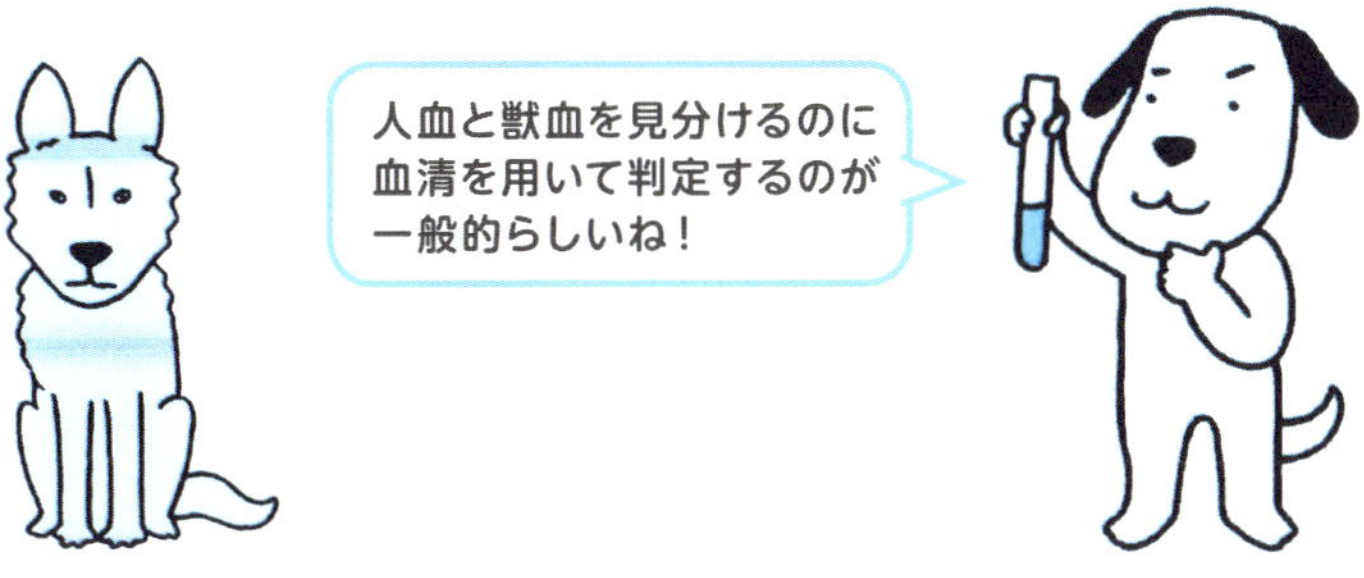
人血と獣血を見分けるのに血清を用いて判定するのが一般的らしいね！

体液で犯人を特定する

血痕、精液、唾液、尿などを検査

現場の血痕が人の血液だとわかったら、被疑者を絞り込むために、血液型判定を行う場合があります。血液型の分け方は、**赤血球膜に含まれる抗原の型で4種類に分ける「ABO式」がよく知られています**。それ以外にも、血清タンパク型、赤血球酵素型、唾液タンパク型など無数の型があります。

犯罪捜査における血液型検査では、まずABO式検査を行い、次にRh式（2種）、Rh-（マイナス）Hr式（18種）、MN式（9種）、P式（2種）などと細分化された血液型も調べ、ABO式だけでは個人を識別できなくても、これらを併用し、確率的には数千人にひとりまで絞り込むことができます。

ただ実際には、試料が古かったり、量が少なかったりすると、ABO式血液型しかわからない場合が多く、個人識別が可能なレベルまで検査できることは少ないのです。そこで、古い少量の血痕からでも、血球細胞を使って個人識別が可能なDNA型鑑定が有効になってきます。また、血痕鑑定は、被疑者や被害者から採取された血液や、死体の心臓に残っている血液なども鑑定の対象となります。さらに、**血痕以外にも被害者の着衣には、唾液、尿、汗などの人に由来する液状成分（体液）が残されることがあります**。これらの多くは乾燥し、「**体液斑痕**《たいえきはんこん》」と呼ばれるシミになっています。

体液斑痕も血痕と同様に、含有する酵素などとの化学反応を利用して判定できますが、あわせて血液型鑑定やDNA型鑑定を行うことができます。

性犯罪などは精液の鑑定が行われ、唾液は、タバコの吸い殻、切手、封筒、食べ物をかじった跡、体についた噛《か》み跡などからも採取し鑑定します。

体液を検出する

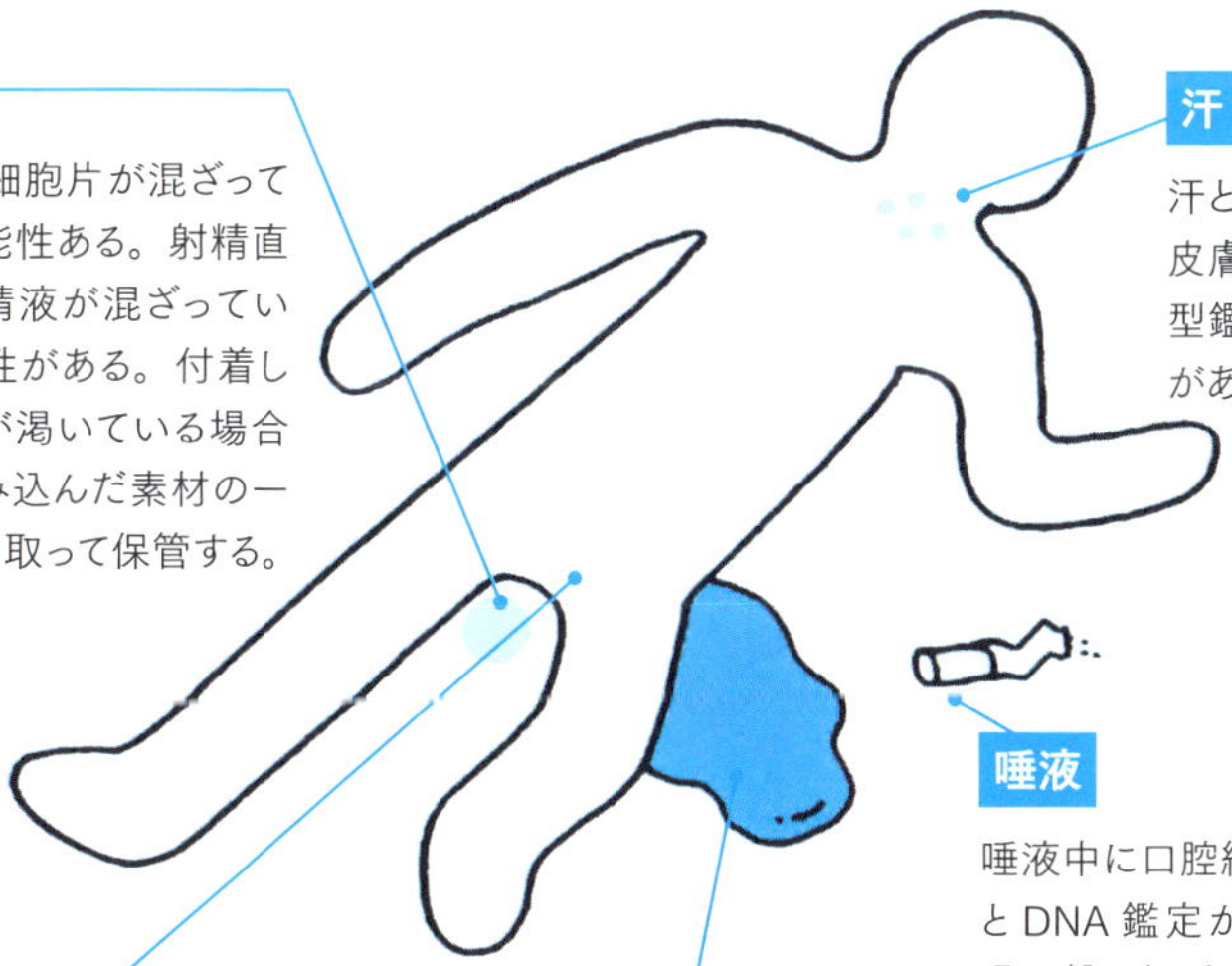

尿

血液や細胞片が混ざっている可能性ある。射精直後だと精液が混ざっている可能性がある。付着したものが渇いている場合は、しみ込んだ素材の一部を切り取って保管する。

汗

汗とともに、垢や毛根、皮膚片があると、DNA型鑑定ができる可能性がある。

唾液

唾液中に口腔細胞が含まれているとDNA鑑定ができる。タバコの吸い殻、切手、食べ物をかじった跡からも採れる可能性がある。

精液

精液は衣類などに付着すると、単黄色を帯びた灰色の痕跡となるので外観検査をする。次に、ALSを照謝すると特有の蛍光が観察される。証拠のサンプルが取れたら、酸性ホスファターゼを用いた発色反応検査をする。

血痕

ルミノールやロイコマラカイトグリーンを使って、血痕検査を実施。ABO式、Rh-Hrなど複数の血液型検査を併用して個人を識別する。

殺人現場には必ずっといっていいほど容疑者か被害者の体液が残されているよ！

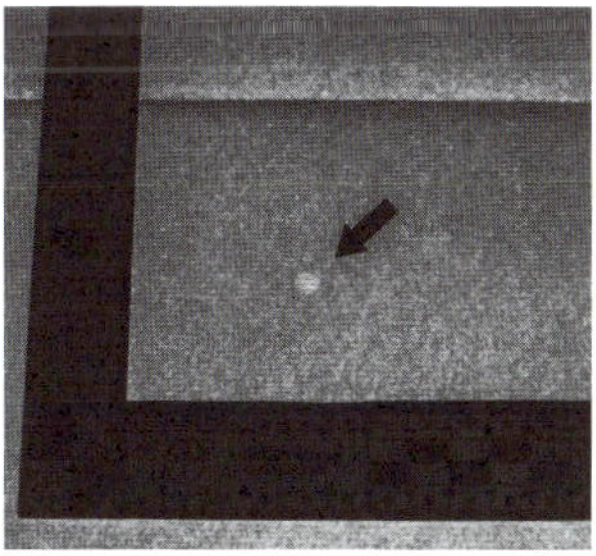

紫外線を用いた精液検査

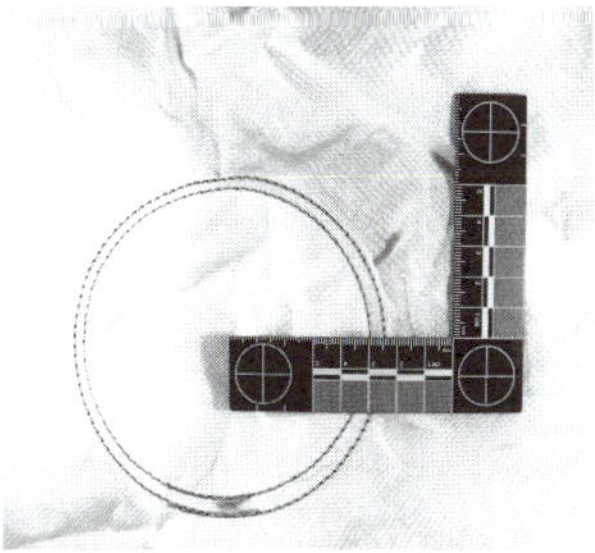

エアバッグについた血痕

1本の毛からでも可能な個人識別

髪の形や太さ、色調で犯人を絞る

犯行現場にはかなりの確率で犯人の毛髪が残っています。指紋や血痕に用心しても、知らずに抜け落ちる毛髪までは、さすがに犯人も気が回らないのでしょう。

肉眼では細くて黒い糸のようにしか見えない毛髪ですが、現場と被疑者、被疑者と被害者の直接的な接触を物語る他、犯人の生活ぶりや肉体的な特徴、犯行現場の状況などを教えてくれる重要な証拠です。

毛髪は表面の「キューティクル」といわれる小皮層、メラニン色素を含み大部分を占める中間の皮質層、中心部分の髄質《ずいしつ》の3層からなります。髄質は空気を含んだスポンジのようになっています。

まず、**毛であることがはっきりすれば、毛髪人獣鑑定で、人毛かどうかを判別し、形態学的検査、血液型検査、薬物検査などを実施して、総合的に識別していきます。**

「形態学的検査」では、毛の太さや色調、髄質や毛根の形などの個人が持っている特徴や、毛先の形、小皮表面の傷《いた》み具合、パーマや染毛の有無など、**生活状況を反映するような特徴を明らかにします。**

また、どの部位の毛か、抜去《ばっきょ》毛か脱落毛か、死後に抜けたのかそうでないのか、なども検査します。

血液型検査は、3〜4cm程度の長さの毛髪を洗浄後、砕《くだ》いて毛髪内部の組織を露わにし、3種類の試験管に分け入れ、抗A、抗B、抗Hの血清を入れ、その凝集反応で判定します。

抜去毛のように、根元（毛根鞘《もうこんしょう》）に根鞘《こんしょう》細胞がついていれば、DNA型鑑定を行うことができ、個人識別が可能です。

毛髪検査でわかること

◆毛髪の構造を知る

小皮層（キューティクル）

髪の表面にある保護膜のようなもの。表面のウロコ紋様（小皮紋理）を見ると人と動物の違いがわかる。

髄質

髪の中心組織、細毛には存在しないことも多い。髄質も個人差が現れやすい。

皮質層

髪の内部を形づくる。全体の90%を占める。

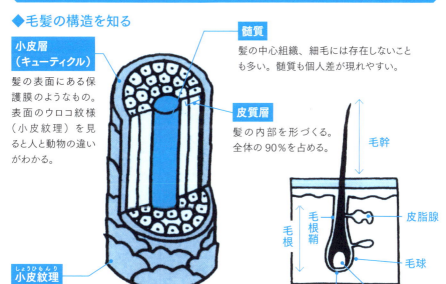

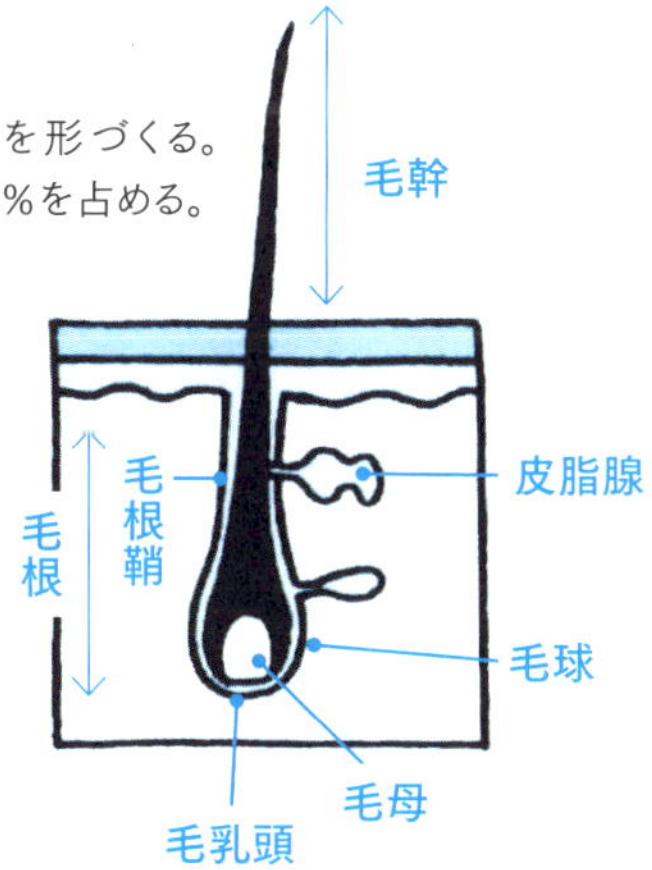

小皮紋理《しょうひもんり》

人と動物では形が違っている。

小皮紋理検査で、人獣識別を行う。動物種までわかる。

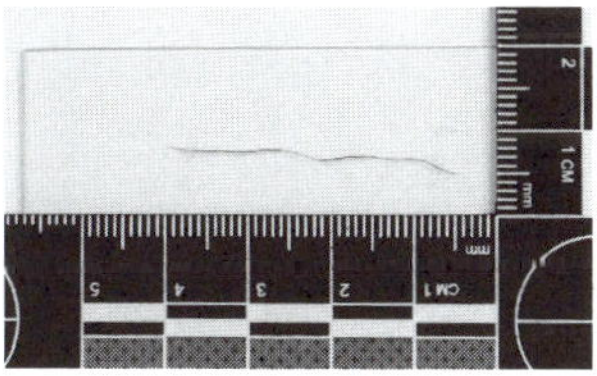
外観検査

髄質の有無、形状の観察。

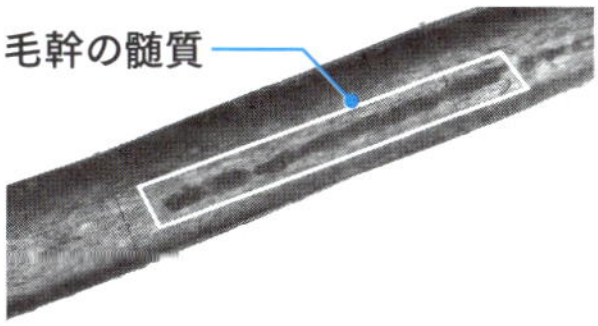

◆その他の毛髪鑑定

○形態学的検査

- 毛の太さ、色調　どの部位の毛かを判断。
- 抜去毛か脱落毛　毛根がついていれば抜去毛。争ったかどうか、犯行状況を推測する。
- パーマと染毛　毛の横断面を観察する。個人の特定に寄与する。

○薬物検査　覚醒剤や麻薬の使用がわかる。

○ DNA 型検査　毛髪の DNA 型を過去の犯罪者と照合。

繊維分析で犯人の人物像に迫《せま》る！

顕微鏡の検査で繊維の種類を特定

どんなに巧妙な犯罪であっても、衣服の繊維はほとんどの場合、意識されることはなく少しずつ抜け落ちているものです。床の綿《わた》ぼこりも抜け落ちた繊維の集団です。特に、事件現場で犯人と被害者の間に物理的な接触がある場合は、互いの衣服に付着することはよくあるケースです。

死体の首についていた繊維から絞殺《こうさつ》に使われたひもを識別したり、ソファに付着した繊維から、そこに座った人を識別したりと、繊維が事件解決に役立つ例は多いのです。

繊維の鑑定では、「形態学的検査」、「分光分析」、「染料・顔料分析」が行われます。形態学的検査は、顕微鏡（拡大率１００倍程度）で繊維の形状を調べると、植物性由来の天然繊維は特有の形状を持って、ある程度の繊維の種類が判別できます。

分光分析は、繊維に光を照射し、どの波長の光をどの程度吸収するかを測定し、材質を判定します。特に「ラマン分光分析」は合成繊維の単繊維の異同識別には従来以上の情報を得られます。

染料・顔料分析は、１本の繊維から染料・顔料を抽出・分離して光学顕微鏡で外観を観察します。

染料で染色された繊維は、繊維内部が染まっているのに対し、顔料で染色されたものは表面に顔料が付着して、内部は染色されていません。

採取された布、糸、単糸、単繊維は、被疑者の着衣と一致するかどうかの識別が主な目的です。

布の場合、織物か編み物か、織物ならその種類は何か。天然繊維か化学繊維か。色合いや染料はどうかなどを鑑定し、犯人の衣服と照合します。

繊維は想像以上に雄弁に事件を語るのです。

繊維の分類と種類

- 天然繊維
  - 植物繊維　（綿、麻）
  - 動物繊維　（羊毛、絹、羽毛）
- 化学繊維
  - 再生繊維　（レーヨン、キュプラ）
  - 半合成繊維　（アセテート、プロミックス）
  - 合成繊維　（ナイロン、ポリエステル、アクリル）（ポリウレタンなど他）
  - 無機繊維　（ガラス、炭素、金属繊維）

◆顕微鏡で拡大した天然繊維の模様

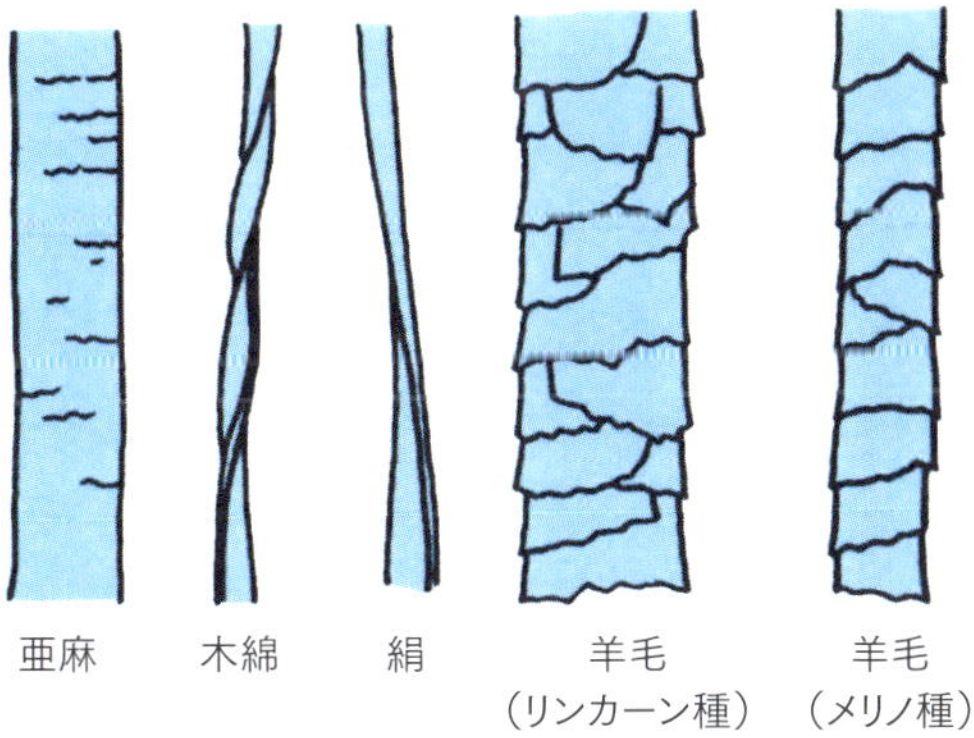
亜麻
木綿
絹
羊毛（リンカーン種）
羊毛（メリノ種）

天然繊維は人の毛髪の小皮紋理と似た模様があり区別できるんだ！

足跡鑑定は最新の科学捜査手法に進化

犯人の動きから性別、職業までを推測する

以前から足跡《あしあと》は重要な証拠のひとつとして扱われてきましたが、画像解析の進化によって、以前では考えられない精度を確立し、真実を裏づける最新の科学捜査手法となっています。

足跡は土の上だけでなく、泥やほこりがあると、コンクリートの上にも残ります。また、裸足や靴下でも足跡は残るし、畳や絨毯《じゅうたん》の上の目には見えない足跡もいろいろな方法で採取します。

土や砂地、積雪など柔らかい土砂に残る足跡を「**立体足跡**《そくせき》」といい、靴底の形がはっきりと確認できるため、有力な証拠となりやすい足跡です。

足跡に石こうを流し込み、固めて採取します。

アスファルトやタイル、床などに残るプリントされたような足跡を「**平面足跡**」といい、指紋採取と同様、ゼラチン紙などに転写し採取します。

目に見えない素足の平面足跡は、「潜在足跡」と呼ばれ、ALSで発見したあと、指紋採取にも使うシアノアクリレートや蛍光粉末などを用いて採取できます。

足跡鑑定で重要なのは、採取された足跡を分析することで、**犯人の人数、どこから侵入したか侵入口、侵入方法、物色した場所、逃走口、逃走方向などの犯人の動きを解明することです。**

さらに、靴底の形や状況で犯人の身長や身体的な特徴、性別、職業、歩き方の癖などを推測することもできます。

足跡には微細な成分が付着しており、犯行前の行動や生活環境まで推測することができます。

足跡から靴のメーカーを特定し、製造・販売時期や流通経路を問い合せします。

足跡採取から鑑定

◆足跡の主な採取方法

採取法	内容
写真撮影法	ALS で赤外線や紫外線を照射
石こう法	足跡に石こうを流し込む
ゼラチン転写法	ゼラチン紙に転写する
静電気法	床や布団、絨毯から採取
DIP 法	試薬を用いる。布や紙類に効果的
チアシオン法	鉄分に反応する試薬法
3D スキャン法	スーパーインポーズ法で解析

ゼラチン転写法

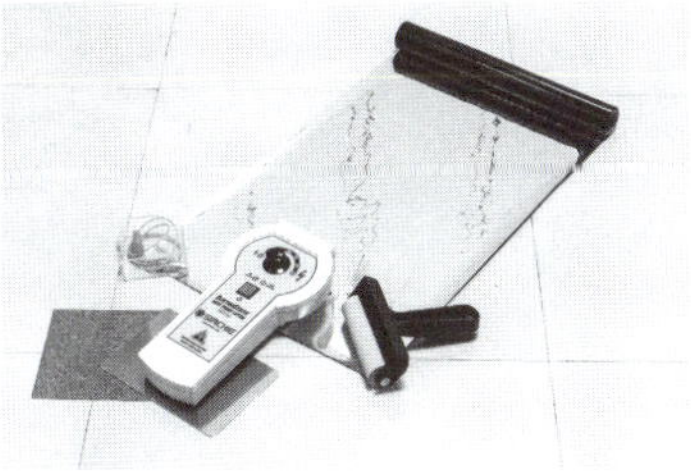

静電足跡微物採取セット
（1970 年警視庁が開発）

石こう法

◆足跡からわかること

○犯行の状況

犯人の人数、犯人の行動（侵入口、物色した場所、逃走口、逃走方向）

○犯人像

身長、性別、歩き方の癖

犯行前の行動、生活環境

偽造された足跡は不自然なので、
捜査官の目を欺くことはできない。
無意味だよ！

土砂と植物から犯人を特定する

非常に多様な日本の土砂分布が役立つ

土砂によって犯人を特定できるわけでありませんが、関連を証明する証拠としての能力は高く、科学捜査でも重要視されます。

例えば、**殺人死体遺棄事件で被害者の着衣に付着していた土砂と殺人現場の土砂。被疑者の靴や車に付着していた土砂と殺人現場、あるいは死体遺棄現場の土砂の異同識別を行うことで、関連を確認することができ、犯行が証明されることがあります。**特に日本は、世界でも有数な地殻変動帯に位置しているため、土砂の分布は非常に多様で、それゆえ捜査に大きく役立つのです。

土砂の検査で調べるのは、まず土壌の色です。土砂の色は、主要な土砂の種類、風化の過程や程度、酸化や還元の状態、植物と地中の微生物の影響など、歴史を反映しています。

次に、土砂を粒の大きさで分けたときの重量比です。また、土砂を構成する鉱物の鑑定も欠かせません。砂の部分は顕微鏡で調べて鉱物の種類を特定しますが、さらに細かい部分は、X線による測定で結晶の構造を調べ、種類を同定します。

植物の破片も衣服に付着しやすいので重要な手がかりとなります。

植物の種類の同定は、花や葉の形などを肉眼で見て行い、花粉のような微細なものは、顕微鏡によって形態を観察します。

植物がある場所で行われたと思われる事件の捜索は、植物学的形態調査や植物DNAなどの詳細な検査・分析が行われます。

日本の主な土壌の種類

褐色森林土

火山灰の影響の少ない台地、丘陵地、山地に多く分布する。酸性の強い低栄養な土壌。

黒ボク土

火山灰から発達した土壌。黒くてホクホクしているところから黒ボク土と呼ばれる。日本全国の丘陵地、台地を中心に分布される。

赤土

酸化鉄を多く含む土壌。関東ローム層がこの土壌で、風化をうけて粘土質になっている。東京の山手や丘陵を覆っている。

関東ローム層（赤土）

褐色森林土のトドマツの林（北海道芦別市）

写真提供：農研機構農業環境変動研究センター

◆植物 DNA 配列分析

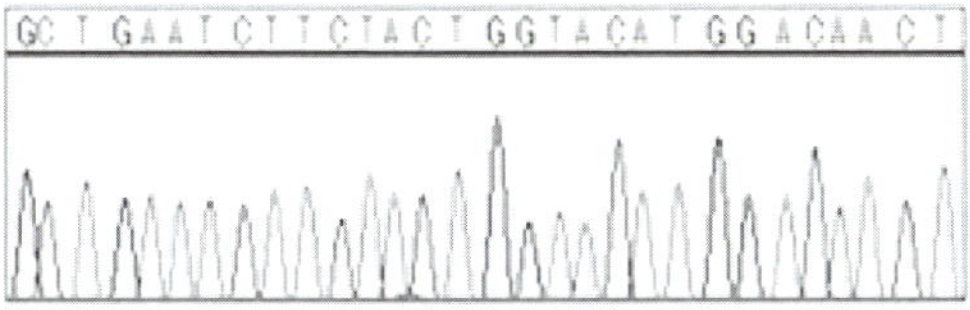
GCTGAATCTTCTACTGGTACATGGACAACT

植物の DNA を検出、種類を特定する。

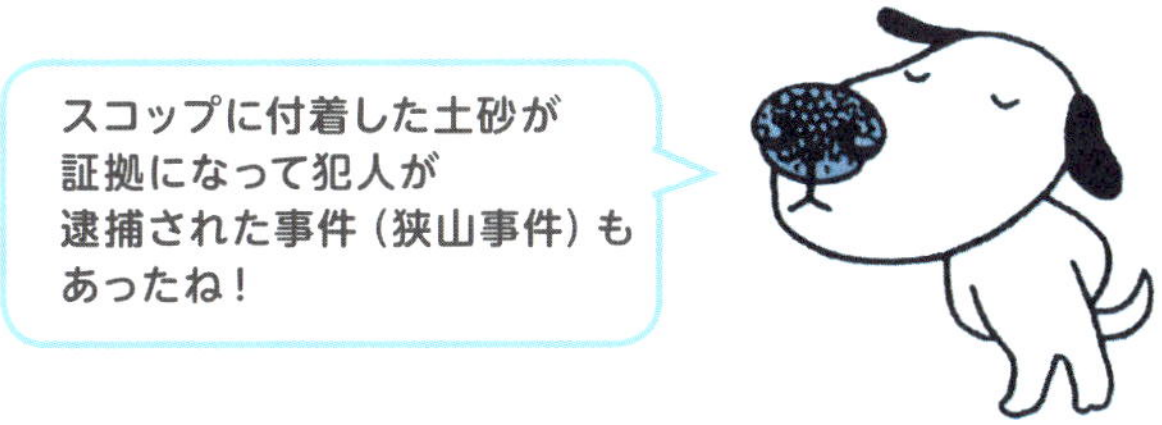
スコップに付着した土砂が
証拠になって犯人が
逮捕された事件（狭山事件）も
あったね！

コラム

地面を掘らずに死体を発見する

警察犬の持つ優《すぐ》れた嗅覚《きゅうかく》を捜査に利用するにおいの科学捜査は、犯人の追跡をするだけでなく、さまざまな証拠物件の選別にも役立てられています。犬の嗅覚はすごく、人の体臭のもとになる汗などに含まれている脂肪酸に対する識別力は、人の100万倍以上だといわれています。これは、100万倍強くにおいを感じるというわけではなく、空気中を漂《ただよ》うにおい分子の濃度が、100万分の1でも嗅ぎ分けることができるという意味です。

ところが、あまりにも地中深くなると、警察犬でも感知できないことが多いため、捜索は非常に困難をきわめます。しかし、アメリカの国立標準技術研究所（NIST）で開発されたのが、遺体が発する「ニンヒドリン反応性窒素（NRN）」を検出することで、発見できるデバイスです。

捜索方法は、「死体が埋まっている」と予想される地中に長い針を刺して、NRNを採取するだけです。たとえ、厚さ50cmのコンクリートの下に死体があっても、地面を掘らずに針を差し込む小さい穴があれば、発見が可能とされています。今のところは、NRNを採取する針の部分だけしか持ち歩けませんが、改良が進んで、検出装置も小型化できれば、どの現場でも死体の場所が特定できるようになるはずです。

第5章

文字や音のなかに潜む犯人を鑑定

文書鑑定はどこを比較するか

運筆《うんぴつ》状況、字画形態、字画構成が大きな要素

「文書鑑定」とは法文書の分野に属し、文字通り筆跡の鑑定から不明文字の鑑定、印章・印影の鑑定、印刷物の鑑定と多岐《たき》に渡っています。筆跡の特徴は子どもの頃から長い間かかって身についた個人の癖が固定化して文字に現れるのです。

そこで、**この癖（特徴点）を文字の形だけで行うのではなく、科学的に分析することによって、異同識別を行うのが科学捜査における文書鑑定です。**

では、文字のどの特徴点を比較して識別するのでしょうか。個人の特徴となる要素を紹介します。

①「**運筆状況**」は筆順や筆記具で書いたときの力強さ（筆圧）、動きや流れを見ます。

②「**字画形態**」は運筆（筆づかい）によって書かれた線、点の形や始筆部、転筆部、終筆部に分けてそれぞれの特徴を見ます。

③「**字画構成**」は「へん」と「つくり」のバランスや、文字の中の隙間、線と線の角度や交差の位置関係を見ます。

このように、**複数の筆跡の①運筆状況、②字画形態、③字画構成を観察し、その筆者がどのような特徴を持った筆跡かを鑑定します。**

ただ、ひらがな文字や数字は直線や曲線、点などの文字を構成する要素が少なく、特徴点が少ないので鑑定は難しいとされています。

「**印章鑑定**」では、線と線の間隔や外円の形状、外円と文字の位置関係などから、印鑑（印影）がその印章で押印されたものか否かを鑑定します。

経年による「欠け」や「キズ」なども印鑑の特徴となります。

文書鑑定とは

◆文書鑑定の種類

筆跡鑑定　印章・印影の鑑定　印刷物の鑑定

◆文字鑑定の要素

- **運筆状況**
  筆順や筆圧、流れやリズム。
- **字画形態**
  書き始めの始筆部、方向が変わる転筆部、止め・はね・はらいがある終筆部など、運筆による一字画の形の特徴。
- **字画構成**
  「へん」と「つくり」のバランスや、複数の縦線と横線の間隔、線と線の角度、交差の位置の関係など。
- **文字形状**
  丸っぽいか角張っているか、大きいか、小さいか、横と縦の線の長さなど。
- **配列上の特徴**
  文字頭の位置や、字間・行間の空きぐあいなど。

文字鑑定の例

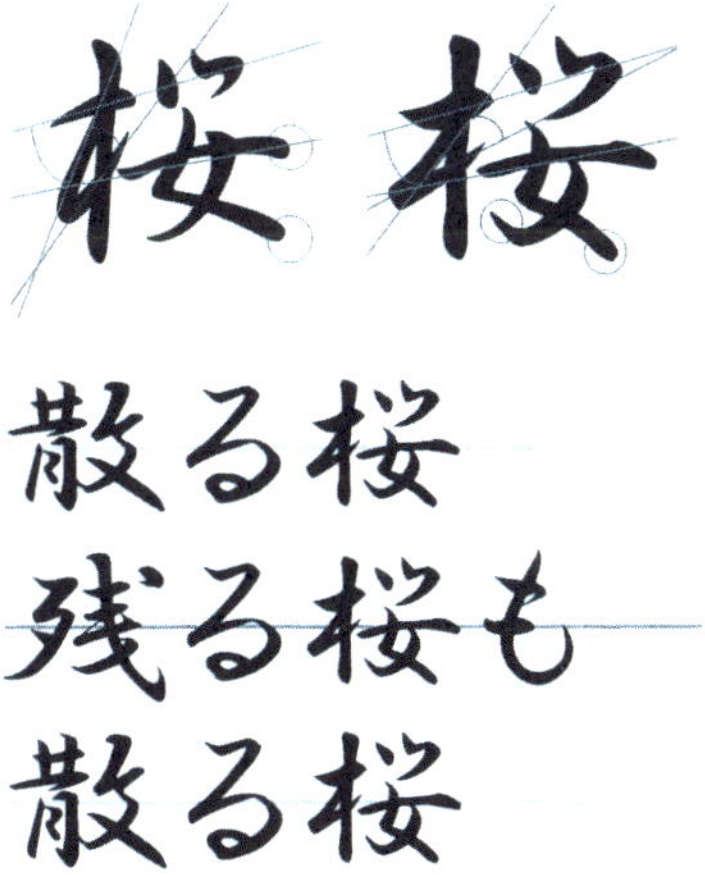
桜 桜
散る桜
残る桜も
散る桜

◆印章鑑定

印章鑑定とは、鑑定の対象となる文書に押された印影と、比較する別の印影（多くの場合、印鑑登録証明書や実印の印影）が同じ印章によるものか否かを判別するもの。

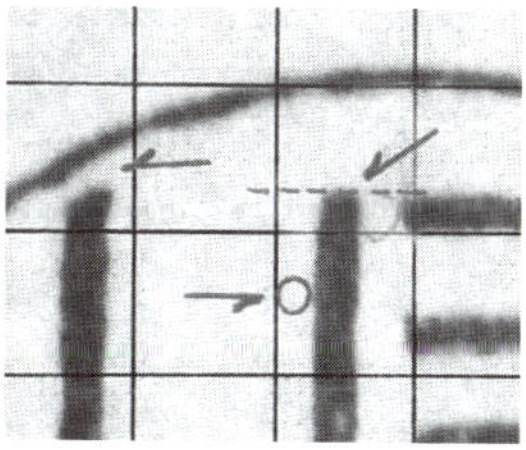

正印

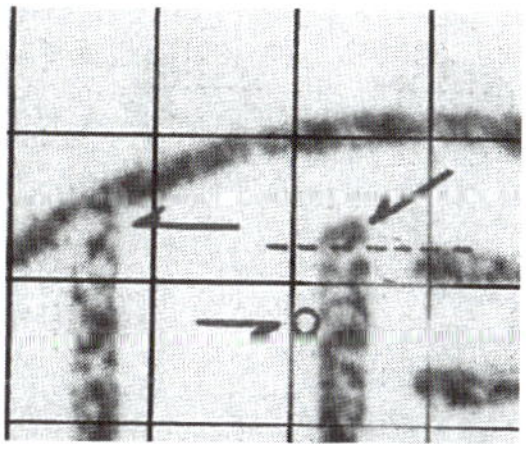

偽造印

インクの汚れや成分から
プリンターの特定も
できるんだって！

コンピュータで筆跡鑑定をする

１文字１５０以上の特徴点を数値化する

筆跡鑑定の目的はいろいろありますが、筆跡を解析して筆者（文字を書いた人物）を特定することが第一にあげられます。この鑑定対象は、あくまで「手書き文字」によるもので、鑑定法には、鑑定人の目視で識別する方法と、コンピュータによる方法があります。現在は、80％以上がコンピュータによる数値解析によって行われています。

コンピュータによる解析は、前項で解説しました、**運筆状況や字画形態などの筆跡の特徴点をすべて数値化して、その後、そのデータをコンピュータで解析する手法です。**

この方法には名前、住所などの一単語あたり、１５０以上もの特徴点を数値化して、統計学の手法を使って、複数の本人が書いたことが間違いない筆跡（対照筆跡）からその人の筆跡の特徴の「**個人内変動幅**」を統計学的に算出します。

個人内変動幅とは、その人の文字のバラつき具合です。

鑑定対照の筆跡がそのバラつきの範囲に入れば、本人の筆跡である可能性が高く、入らなければ異なった人物の筆跡である可能性が高くなります。

また、書類にわずかに残った肉眼では見えない筆圧痕を可視化するには「**ＥＳＤＡ（静電検出装置）**」という機器を使います。

静電気を発生させて、紙の凹んだ部分に特殊な粉末を溜《た》めることにより、筆圧痕を浮き出させます。さらにＥＳＤＡは、プリンター機で出力された紙に残る、プリンター機固有の拍車痕を識別し、プリンター機の種類やメーカーまでを特定できます。

見えない文字を可視化するESDA

◆ESDA（Electrostatic Detection Apparatus）＝静電検出装置

肉眼では見えない文字の筆圧痕を浮き上がらせ、識別する装置。

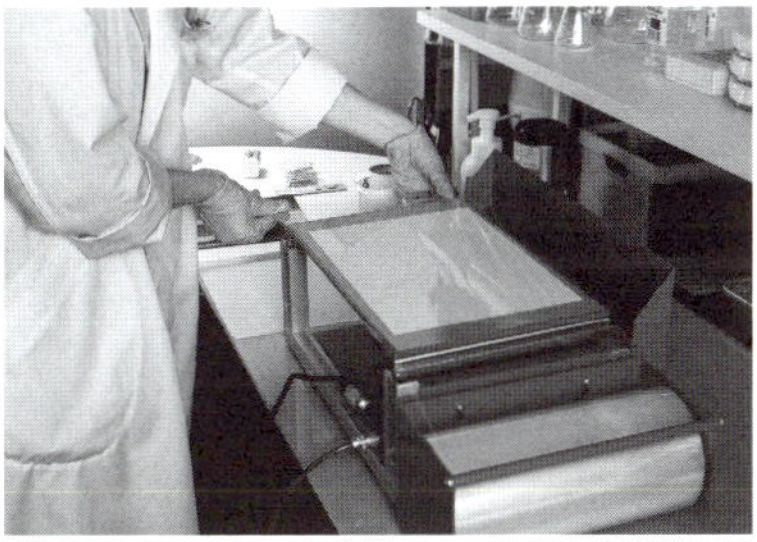

①検出プレート上に、鑑定したい紙を置き、特殊フィルムを被《かぶ》せる。

②放電装置を使って、筆圧によってできた紙のくぼみに静電気を溜める。

③細かいビーズにトナー粉末を塗布した特殊な粉末を振りかける。

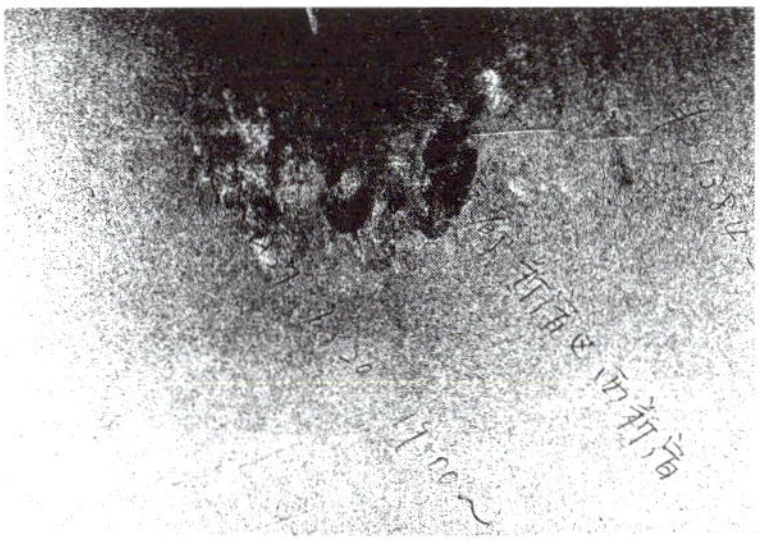

④筆圧でできた、わずかなくぼみに粉末の粒子がたまり、文字が浮かび上がってくる。

◆斜光線をあてて拡大する

斜光線をあてて拡大すると、文字が立体（3次元）になっていることがわかる。紙のくぼみを測定し、特徴点を数値化すると、筆者の特定の精度は高まる。筆圧のパターンも書いた人特有のスタイルを示している。

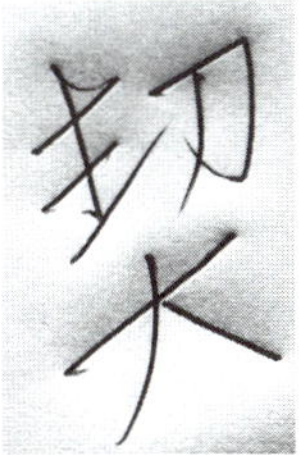
契

文字は3次元になっている

日本で初めて筆跡鑑定が
証拠として採用された
事件は「帝銀事件」なんだ！

改ざん・偽造文書の鑑定

最新機器で改ざん・偽造を見破る

文書鑑定の目的のひとつに、偽造された文書の鑑定にあります。領収書の偽造から紙幣の偽造までさまざまですが、この種の鑑定は肉眼による目視では判別がつかない場合が多いのです。

例えば、領収書を利用し、後から金額を多めに書き換える行為は、立派な犯罪行為で、私文書偽造罪、その結果、金銭を得れば詐欺罪になります。

どんなに上手に改ざんしたと思っても、最新の文書鑑定の技術で、すぐに見破られてしまいます。

領収書の改ざん・偽造では筆記用具のインクの成分の違いが重要な手がかりになります。**赤外線（ＩＲ）スキャナの透過モードや反射モードでスキャンすることでインク成分の違いを鑑定できます**。また、「１」に「∠」を書き足し、「４」にし、偽造した場合、ＣＣＤ搭載のマイクロスコープ（高性能顕微鏡）で数字の交差を観察すると線の重なりや筆記による凹みなどがはっきりわかります。このように加筆や修正などの偽造はすぐに発見できます。

科学捜査用ライトＡＬＳ（66ページ参照）は書類の偽造文書や偽札の判定でも活躍します。**表面上、消されてしまった文字を、ＡＬＳを照射し、その文字を浮かび上がらせることも可能です**。紙幣やパスポートは各国が偽造防止のためにさまざまな工夫をしており、ＡＬＳを照射することで、その一部を垣間見ることができます。

筆跡改ざん、偽造を発見する新兵器は「ＶＳＣ」という、書類上のインクの変化や性質、削除文字、改ざん文字やパスポート、紙幣の偽造の検査をすべてやってしまうオールマイティな装置です。文書偽造はどうやってもバレる運命のようです。

改ざん文書を見破る方

◆赤外線照射で読み取る特殊スキャナを使用

【例】赤外線スキャナを使用することで、書き足された部分が薄れ、元の数字は 1 であったことがわかる。

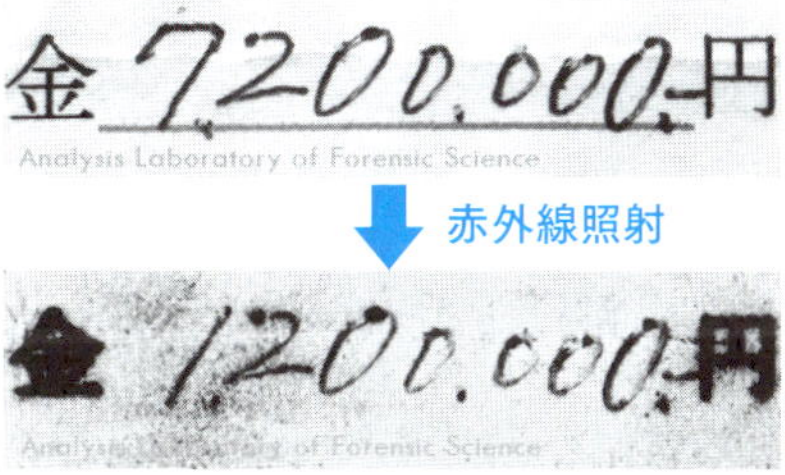

スキャンされた画像

◆ CCD 搭載マイクロスコープで鑑定

【例】拡大した①と②を比較すると、縦線と横線の上下関係で、書き順や不自然な書き足しがわかる。

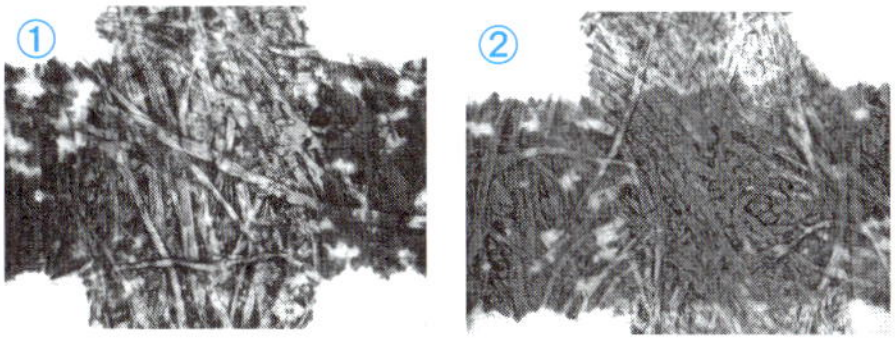

①は縦線が上、②は横線が上になっている。

マイクロスコープ

◆ ALS を使用

【例】ALS を照射することで、中和した修正液で消された文字を確認できる。①の偽造文書に ALS を照射すると、修正液で消した②の名前が確認できる。

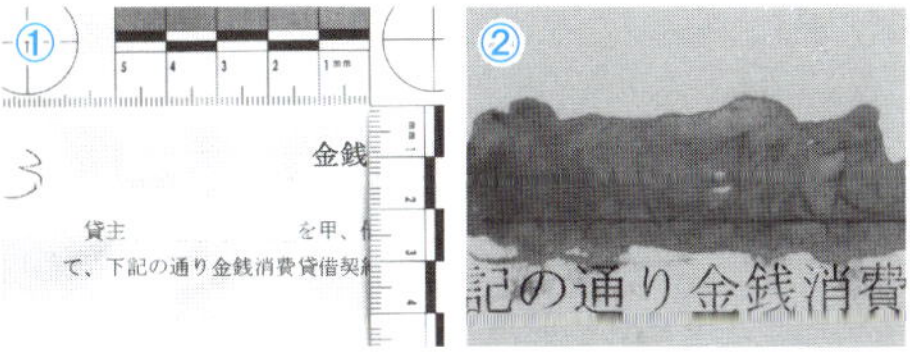

◆文書鑑定システム・VSC（Video Spectral Comparator）＝画像スペクトルコンパレーター

書類上のインクの変化、削除文字や加筆文字、退色した文字など、目視では判定できない偽造、改ざんを検査する装置。FBI などの捜査機関や出入国審査、日本の科捜研にも導入され、活躍している。

人の声が出るしくみと解析法

声道で息が音声に変わる

音声鑑定とは、グラフ化された周波数を分析する作業で、「**声紋分析**」と「**音声分析**」に分けられます。**声紋分析とは、人の声を分析してこの声とあの声が同一人物かどうかの個人識別に使われる鑑定法**で、非常に信頼度の高い鑑定法です。

一方、音声分析とは、人の声以外のあらゆる音を分析する鑑定法です。

声は肺から出た空気が声帯を振動させることで出ますが、その時点では無数の周波数が重なった単なる「ブーブー」というだけのまだ個体差のない高低差だけの音です。

この音が咽頭《いんとう》、口腔《こうくう》、鼻腔《びくう》(声道)の3器官を通過する間に共鳴・増幅することで、さまざまな周波数をもつ意味のある声となって発せられます。

声道器官の長さや形、また、舌の丸め方によって広さが変化する口腔、鼻腔、歯並びなどの発声器官の形は人によって異なるため、それぞれに固有の声が生まれるのです。

個人差のある声を分析ソフトで分解し、周波数の大小によって配列したグラフのことを「**声紋（スペクトログラム）**」といいます。

声紋は声の指紋という意味で、声の高低と強弱、時間的変化を濃淡模様で描き、微妙な差を目で見える紋様の形に表したものです。

声紋による個人識別をする周波数分析装置を「**サウンドスペクトログラフ（ソノグラフ）**」といい犯罪捜査に導入され、成果を上げています。

サウンドスペクトログラフの詳細は90ページを参照ください。

声の出るしくみと声紋

◆声の出るしくみ

声帯 → **声道** → **声の個人差**

声帯
声は肺から送り出された空気が声帯を振動させる。ここではブザーのような音だけ。

声道
咽頭、口腔、鼻腔などの通る間に共鳴・増幅され、周波数が強められ、人間らしい声になる。

声の個人差
声道の器官の長さ、形、舌の丸め方、歯並びなどが固有の声を生み出す。

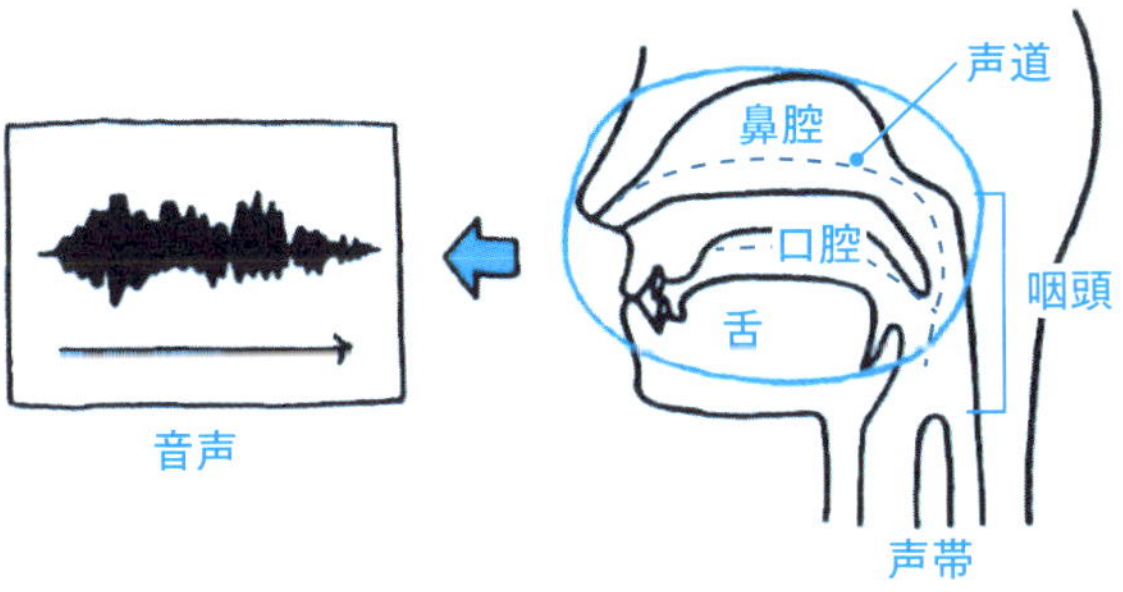

音声
声道
鼻腔
口腔
舌
咽頭
声帯

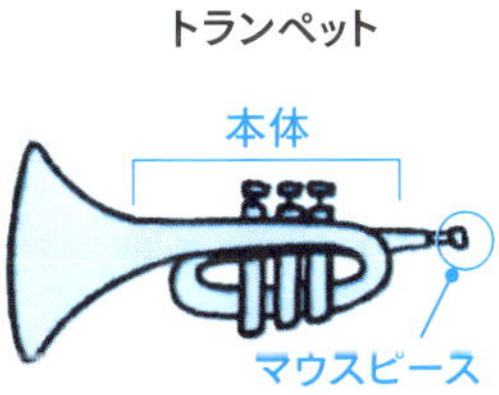

トランペット
本体
マウスピース

＊マウスピースだけの音は「ブーブー」と聞こえる。本体をつけると美しい音色に変化する。人の声のしくみと同じ。

◆声紋（スペクトログラム）とは

声の高低と強弱、時間的変化を濃淡模様で描き、微妙な差を目で見える紋様の形に表したもの（声の指紋）。

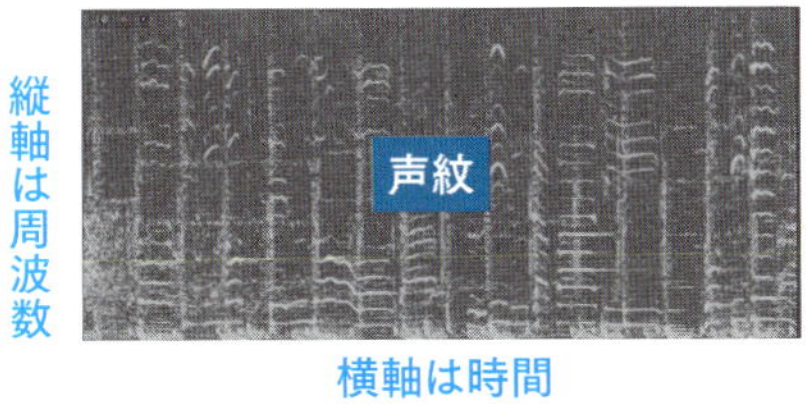

縦軸は周波数
声紋
横軸は時間

◆声紋で音の改ざんをチェックする

コンピュータで、録音物を改ざんするとスペクトログラムに違うフレーズが見える。Ⓐ とⒸのスペクトログラムは連続性を示すが、Ⓑは両サイドと異なる。挿入録音をし、内容を改ざんしたことがわかる。

ボイスチェンジャーで
声を変えても、
今の音声解析技術を
すれば解明できる！

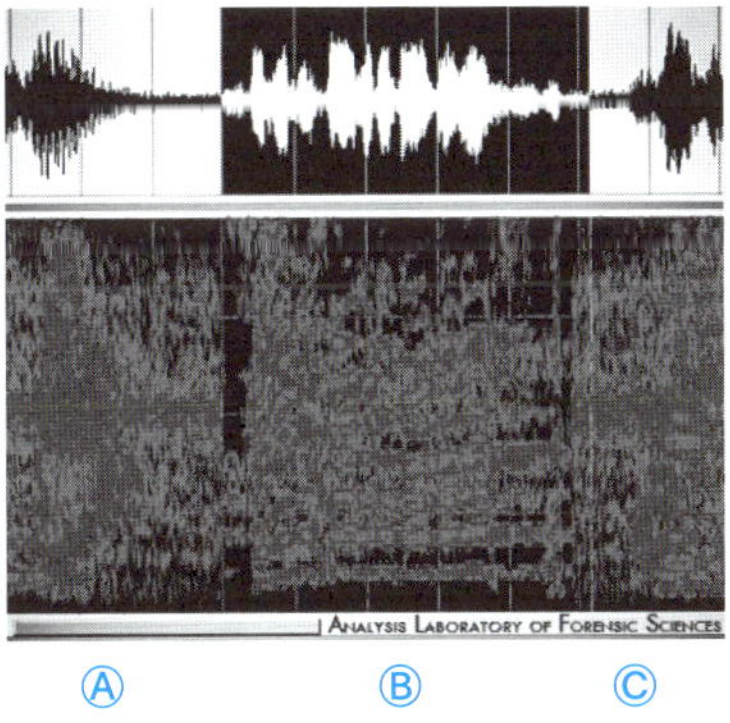

Analysis Laboratory of Forensic Sciences
Ⓐ
Ⓑ
Ⓒ

声紋を分析して個人を特定する

周波数分析装置・サウンドスペクトログラフ

声紋分析による鑑定は、証拠としての価値が指紋鑑定に次いで高いとされ、犯罪事実を証明する重要な科学的証拠となっています。

前項の声紋分析機器をもう少し説明すると、「**声紋（スペクトログラム）」は縦軸が周波数、横軸が時間、スペクトルの大きさを濃淡で示しています。**

音声データを解析して声紋の形で示す機器を「**サウンドスペクトログラフ（ソノグラフ）**」といいます。鑑定するうえでは、同じ言葉の音声データを採取しなければ声紋同士の比較はできません。

人が聞き分けられる音の周波数は、20〜2万ヘルツ（Hz）だとされており、**声紋分析では、周波数が最も集中している85〜８０００ヘルツを調べます。**

分析方法は、サウンドスペクトログラムの分析フィルタによって、「狭帯域（帯域幅が45ヘルツ）」と「広帯域（帯域幅が３００ヘルツ）」の2パターンに分かれます。狭帯域は声の高さや周波数成分の詳細な状態を示し、声紋データは縞模様で現れ、縞模様の間隔を見れば、声の高さ（ピッチ）がわかります。広帯域の声紋データは帯状の濃淡として現れ、濃いところ音の周波数成分の集中している部分「**フォルマント**（共鳴周波数帯）」と呼ばれます。

周波数の低いところから「第1フォルマント（F1）」、「第2フォルマント（Ｆ２）」といい、この紋様の濃淡で個人識別が可能になります。

今では、最大で５０００分の1秒の音声を分析することが可能です。対象となる2つの声紋を見比べた場合、10秒間で12ヵ所ほどの特徴点が一致すれば同一人物の可能性は高いとされます。

サウンドスペクトログラフ

◆サウンドスペクトログラフ（ソナグラフ）

音声データを解析して声紋の形で示す周波数分析装置。光や電磁波を分光装置にかけて波長ごとに色分けし並べたものをスペクトルということからこの名がついた。

◆2パターンの分析法

狭帯域（帯域幅が45ヘルツ）

声紋データは縞模様で現れ、縞模様の間隔を見れは、声の高さ（ピッチ）や周波数分布がわかる。

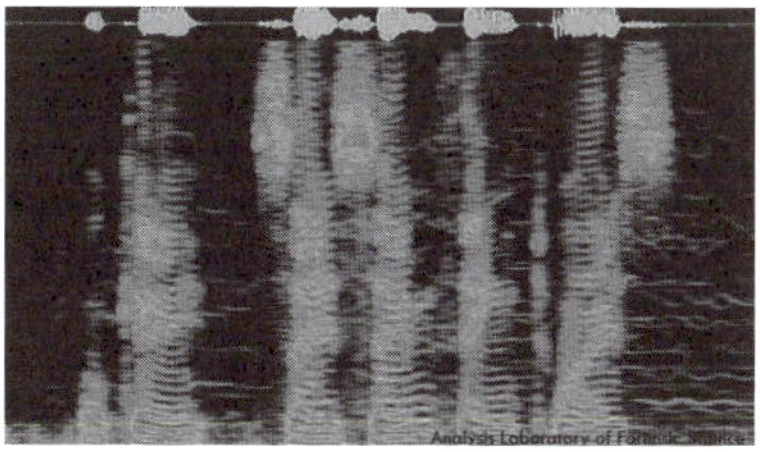

広帯域（帯域幅が300ヘルツ）

声紋データは帯状の濃淡として現れ、濃いところは音エネルギーが強まった部分で「フォルマント（共鳴周波数帯）」という。

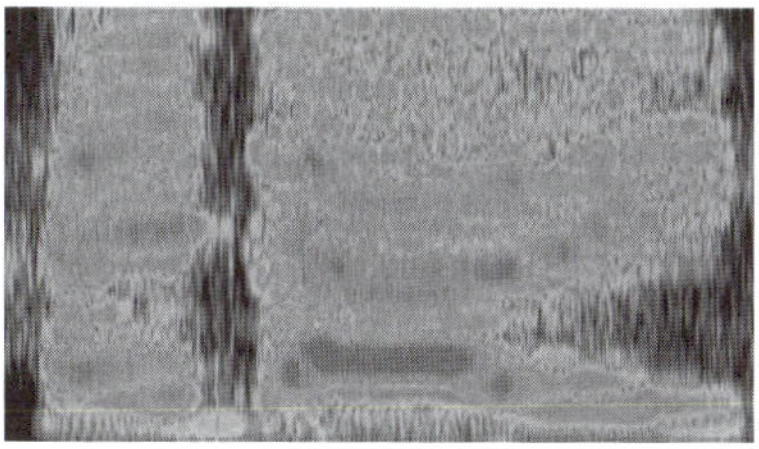

◆フォルマント（共鳴周波数帯）とは

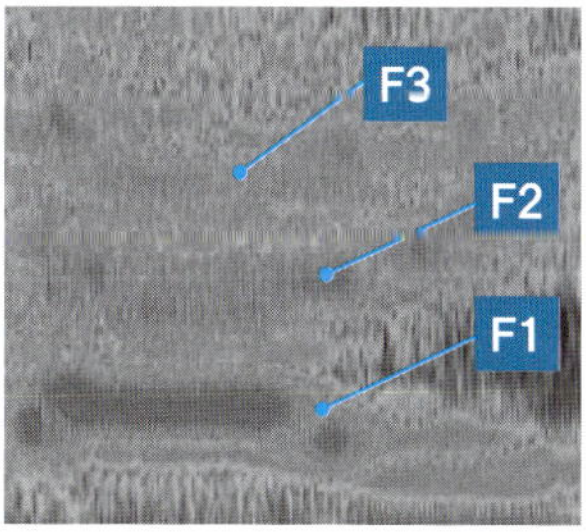

声道で、共鳴によって音エネルギーが強まると同時に、特定の周波数の音の音量を大きくするポイントがある。このポイントは周波数の低い点から「F1」、「F2」と5つまであるといわれている。

第1、第2フォルマントの分布は母音を決定し、第3、第4、第5フォルマントの分布が音質を決定する。

サウンドスペクトログラフはアメリカのベル研究所、ポッター博士によって開発（1945年）されたんだ！

音が伝える犯人像を分析

犯人からの電話で背景音を特定する

音声鑑定では、声紋の識別だけではなく、それ以外にもわかることがたくさんあります。

容疑者からの電話も重要な手がかりのひとつです。**学校のチャイムや鐘の音、電車の踏切など背景音や環境音は発信源を絞り込むのに有効です。**

また、乗用車のエンジン音や町の騒音などのノイズで音が不鮮明な場合は、コンピュータで取り除き、地域を特定できそうな特徴のあるごくわずかな特定音の成分を分析することで、捜査の大きな手助けの一因となります。

室内の会話は、必ず反射し、やまびこのように戻ってきます。機器には拾われますが、人間の耳にはこの反射音は入ってきません。この**「空間反射音」を分析すれば、犯人が室内か屋外に居るかがわかります。**さらに、屋内であればおおよそどの程度の広さの空間にいるかも推定できます。

次に、脅迫電話などで犯人の声が明確であれば、犯人像の分析が行われます。声は年齢によって変化するので、電話の声でおおよその年齢が推測できる場合があります。また、声は一般的に、身長が高くなるにつれて低くなり、身長が低くなるにつれて高くなる性質があるため、背の高さもある程度は推測できるのです。性別についても、一般に女性は男性よりも声帯が短く声が高くなる傾向にあります。

さらに、**しゃべり方の特徴から犯人の性格、職業までを推測するのが「犯罪者プロファイリング」です。**アメリカのＦＢＩによって組織化され、日本でも科捜研で採用している所はありますが、犯人逮捕というより、捜査の一支援という立場です。

背景音が犯人を追い込む

◆背景音も重要な捜査情報

〇電車の踏切や走行音
〇駅の構内放送
〇学校のチャイム
〇スーパー・コンビニの店内放送
〇お寺の鐘 etc

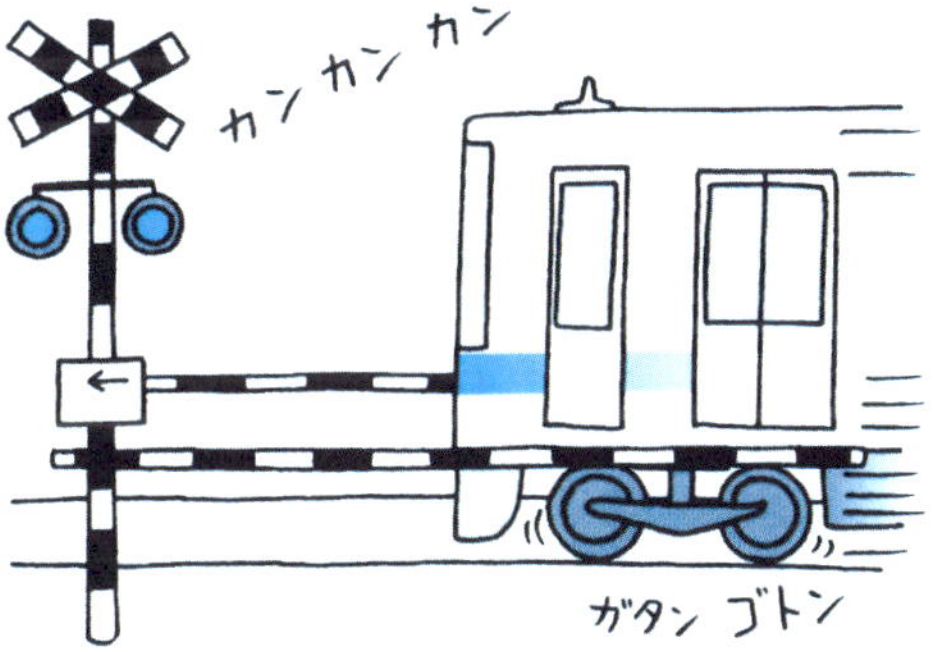
カン カン カン
ガタン ゴトン

◆甲府信金 OL 誘拐殺人事件の音声鑑定（1993 年）

逆探知装置に残っていた犯人の音声をもとに、音声・音響の研究をしている元科警研の鈴木松美氏に鑑定を依頼。その鑑定結果と実際の犯人像の比較。

特徴	鑑定の内容	実際の犯人像
①身長	声の周波数から身長は 170cm前後であること。	犯人の身長は 172cm
②年齢	40 歳から 55 歳の間を推測	38 歳
③所在地	約束を「やぐぞく」と濁音の訛りで甲府盆地と推測	甲府出身・在住
④職業	身代金を「無地の帯封」で要求、高額な金額を取り扱う職業	大型トラックなどの自動車販売会社に勤める

〇事件の概要

1993 年山梨県甲府市で、甲府信金の女性職員（当時 19 歳）が新聞記者を名乗る男に取材目的で呼び出され誘拐され、殺害された。犯人は自首、逮捕されて無期懲役で服役中。

今やスマートフォンや携帯電話のGPS機能からも位置情報は簡単に手に入る時代だ！

コラム

日本で初めて音声鑑定が取り入れられた「吉展《よしのぶ》ちゃん誘拐殺人事件」

人の声を科学的に解析する技術は、第二次世界大戦中に飛躍的に進歩しました。敵国の通信内容を分析し、作戦立案に活かすという軍事目的の研究が盛んに行われたためです。大戦後、音声に関する研究は一時中断しましたが、アメリカの通信研究所・ベル研究所（創設は発明家エジソン）がFBIからの要請でさらに技術の研鑽《けんさん》を積んでいきました。

人の声を識別する音声鑑定が歴史上に登場したのは、1932年、大西洋単独無着陸飛行に成功したことで知られるチャールズ・リンドバーグの長男が誘拐され、身代金を奪《うば》われたうえに殺害された事件です。

日本での音声鑑定の草分けは、1963年、東京・台東区で発生した「吉展ちゃん（当時4歳）誘拐殺人事件」においてでした。犯人からかかってきた電話の声がテレビやラジオで公開放送されました。

警察はこの事件で初めて少人数の専従捜査員を置いて捜査にあたるFBI式に切り替え、音声鑑定（鑑定はFBIに依頼）も行ったのです。それまでは、所轄署や本庁から多くの捜査員を導入する捜査本部方式でした。

このとき、初めて声紋分析が行われましたが決め手とはならず、重要な捜査情報として活用されたのみでした。事件発生から2年後に被害者は逮捕され、この事件後、警察庁科学警察研究所に音声研究室が設置され、音声鑑定は犯罪捜査に本格導入されることとなりました。

第6章

突然巻き込まれる
火災・交通事故鑑定

経験と学識が要求される交通事故捜査

事故原因や走行状況を科学鑑定する

科学捜査は自分には無縁だと思われるかもしれませんが、誰もが突然巻き込まれてしまう恐れがあるのが交通事故です。

交通事故といっても、軽微な物損事故なら話し合いで解決することも可能ですが、死傷者が出るような大きな事故や、ひき逃げ事件などの場合は、**現場捜査や証言をもとに、交通事故を再現し、事故の原因や車両の走行状況などを究明する科学鑑定が行われます**。

交通事故の調査は範囲が広く、しかも経験と幅広い知識が必要となります。事件か事故かにかかわらず、交通事故が起きたときの調査の流れは基本的に同じで、次のようになります。

⑴事故現場の実況見分は最も重要で、事故現場に残された路上痕跡と事故車両の損傷から事故の状況を浮かび上がらせます。そこでタイヤ痕、擦過《さっか》痕《こん》（ガウジ痕）、オイル痕、血痕、車両の部品、事故車両の損傷の部位および程度を観察します。衝突角度や衝突速度などが解明できます。

⑵事故に関わった関係者からの事情聴取を行い、事故当時の正しい証言を引き出します。

⑶事故現場の調査結果を踏まえて、事故を再現・検証します。交通事故の原因は単に運転者の不注意だけで起こるとはかぎりません。車両構造は当然のことながら、道路構造や周辺環境、気象状況などのさまざまな要因も考えられ、事故当日のこうした状況資料を総合的に収集し、再現し、判断する必要があります。

⑷以上の鑑定をもとに、総合的に事故態様を判断し、鑑定書を作成します。

交通事故鑑定の基本的な流れ

実況見分
↓
関係者からの事情聴取
↓
事故の再現
↓
事故態様の判断と鑑定書の作成

（1）実況見分

①路上痕跡の調査

タイヤ痕、擦過痕《さっかこん》、飛散したオイル痕の方向、種類、量をチェック、ガラス片・塗膜片の採取、被害者の血痕などを調査する（詳細は 100 ページ参照）。

調べるポイント＝衝突地点の特定、ブレーキの有無を解析しハンドル操作を知る。ガラス片・塗膜《とまく》片は加害車両特定の証拠となる。

②事故車両の損傷の分析

事故車両の変形箇所を精密に記録・分析。変形部分は、車両メーカから図面を取り寄せ、精査する。

調べるポイント＝衝突速度、衝突角度、衝突部位の特定。

（2）関係者からの事情聴取

事故直後はパニック状態で正しい証言が得られないので、改めて事情聴取をする。事故現場付近の防犯カメラなどもチェックして、事故の前後の状況を把握する。

急ブレーキをかけても
タイヤがロックしない
ABSは、横滑りを防いで
くれるけど、タイヤ痕が
残らないんだ！

（3）事故の再現

実況見分や事情聴取から得た情報をもとに事故を再現する。再現の精度を高めるために、当日の環境要素も加味すべく、所轄警察から国土省、気象庁などの資料も付加する。作図による再現、3D 画像による再現で事故を可視化する。

（4）事故態様の判断と鑑定書の作成

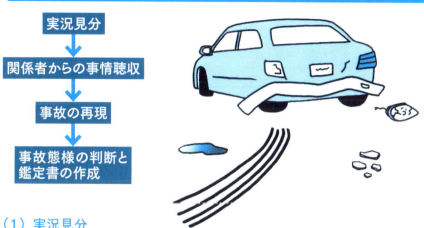

交通事故解明のキーポイント、事故の再現

画像解析や高精度の作図で事故を可視化する

交通事故鑑定の真相究明においては、それぞれの証拠を単体で扱うだけでは本質を見逃してしまいます。

交通事故が起こるときには、いくつもの要素が複雑に絡《から》み合っているため、法工学や法医学、情報科学など、さまざまな学術的アプローチが必要とされます。

例えば、車両の性能や構造、部品情報は国土交通省や車両メーカー、道路の構造や周辺環境は各自治体、信号や標識などは都道府県公安委員会、当日の天候は気象庁、事故の状況は所轄警察など、必要な情報をいかに集めるかが鑑定結果の精度を左右することとなります。

次に、**現場や各行政機関から得られた情報を解析して、事故を再現する必要があります。**

事故を再現する手法にはいろいろあります。

例えば、写真にある情報のうち、肉眼で得られるのは15％に過ぎないとされます。そこで、**事故現場の写真に画像解析を行うことで、写真に隠されていた事故の痕跡を発見できることもあります。**

また、ドライバーの視界や、車両の位置関係、旋回開始位置、速度、走行軌跡など、計算によって得られた数値をもとに、高精度の作図を行えば、事故の再現性は極めて高くなります。

他にも、事故車両や道路を3Dで再現して事故を可視化することも可能です。

受傷痕から事故を再現する方法もあります。被害者の受傷の位置や車両に残った痕跡を照らし合わせれば、衝突の速度や方向が客観的に割り出せます。

交通事故の再現手法

◆再現に必要な要素と管轄

車両構造・部品情報⇒**国土交通省や車両メーカー**
信号・標識の確認⇒**都道府県公安員会**
道路・高速道路の構造・周辺環境⇒**各自治体**
当日の気候情報⇒**気象庁**

◆事故再現の手法

画像解析　肉眼で得られなかった情報を、事故現場の画像を解析することで、新たな事実がわかる。例えば、見えなかったブレーキ痕が発見されることによって、故意か過失かを判断する材料になる。

◆高精度の作図・3D 画像をつくる

車両の位置関係、走行軌跡などを、計算によって得られた数値をもとに、高精度の作図をすることで、真相解明につなげる。3D 画像を作成することもできる。

事故現場の 3D 画像

◆受傷痕による再現

被害者車両が受けた事故の傷跡から事故を再現し、衝突の様子などが客観的に再現できる。

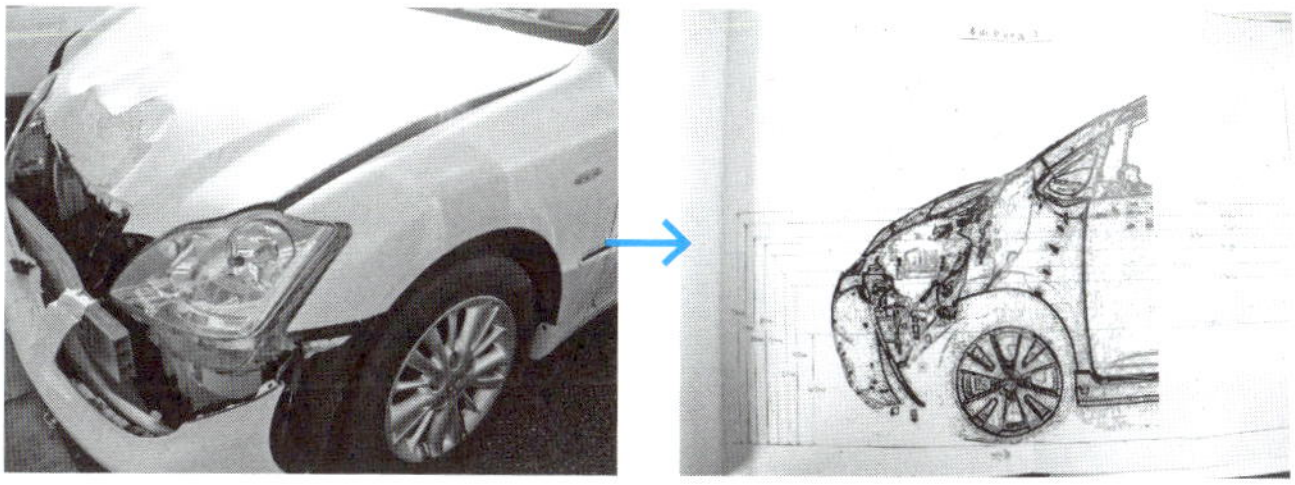

ひき逃げ犯人を追う！

タイヤ痕、塗膜片などの路上痕跡を分析

　平成29年のひき逃げ発生件数は８２５３件で、平成16年の2万件と比べると半分以下となっています。全検挙率は、17年から上昇して、死亡事件に限ると、検挙率は90％から１００％近い高水準で推移しています（平成30年版法務省犯罪白書）。

　ひき逃げ事故では現場に残された痕跡から、車種などを絞り込むことにより、車両特定を速やかに進めることができます。車が犯罪に使われるのは、空き巣の物色、犯人の逃走用、死体の運搬などいろいろあります。**ひき逃げ事件に限らず、車両での多くの犯罪で被疑者に結びつく車両の割り出しに重要になっているのが「タイヤ痕」です。**

　タイヤの接地面には、いくつかの「**トレッドパターン**（溝模様）」があるため、形がはっきり残っているときは、目視によって車種を絞り込めます。

　また、タイヤ成分の比率は製品により異なるので、路上の埃《ほこり》やタールと混ざった微量のタイヤ痕でも、成分分析を行うことで車種や製造年などが判明することがあります。

　「塗《と》膜片《まくへん》」も車種、型式、年式によって異なります。車両の塗装は下塗り、中塗り、上塗りと3層から構成されているので、各層の色、成分が一致すれば車両の特定が可能です。

　他にも、**「プラスチック片」や「ガラス片」も車種特定に役立ちます。**ガラス片は、ガラスごとの製品の差は少ないのですが、ガラスごとに異なる屈折率を精密に測定することで、異同識別を行います。

　また、バリウムやアンチモン、ヒ素といったわずかな不純物の量を分析して識別する方法もあります。

路上痕跡を分析する

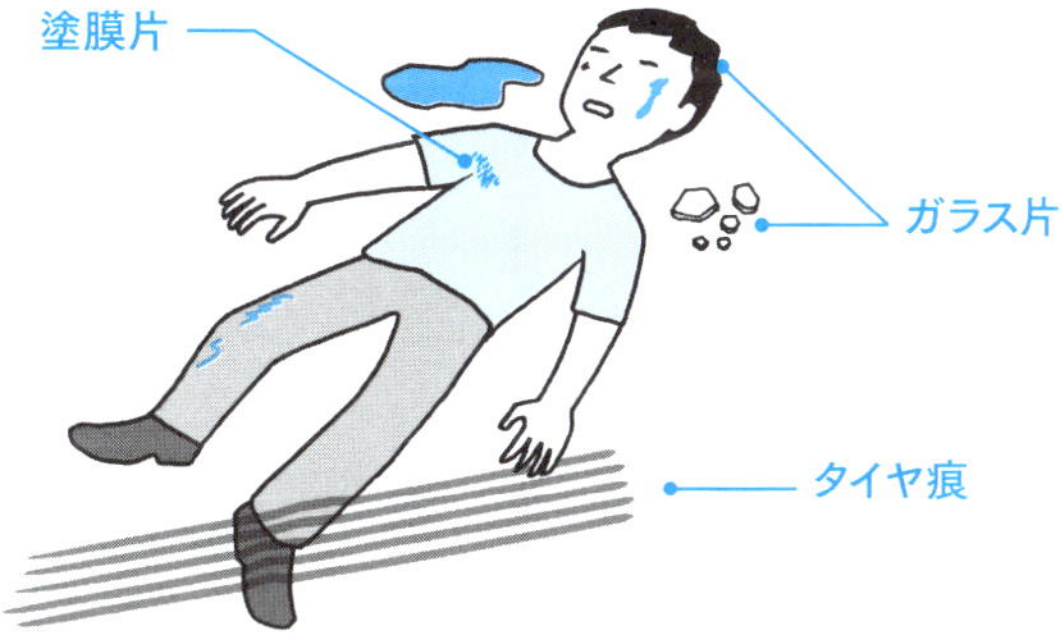
塗膜片
ガラス片
タイヤ痕

◆タイヤ痕と使用車種

タイヤの表面は「トレッドパターン」といって、用途によって4パターンがある。

リブ型

乗用車・トラック・バス

ラグ型

建設車両・農耕車両

リブラグ型

産業車両（フォークリフトなど）・建設車両

ブロック型

スタッドレスタイヤ・スノータイヤ

◆塗膜片

塗装は3層に分かれているので、塗料で車種・型式・生産時期、生産工場までわかる場合がある。

検査方法は赤外吸収スペクトルにより、赤外線の吸収率の違いを見る。走査型電子顕微鏡による断面の観察などがある。

- 上塗り（厚さ30～50μm）
- 中塗り（厚さ30～50μm）
- 下塗り（厚さ20～25μm）

3層の塗装

◆ガラス片

屈折率を検査することで異同識別を行う。

警察関係機関には、
膨大な車両関連のデータがあるので、
事故後の逃走はまず無理だね！

火災原因を究明する火災鑑定

出火場所を特定し、放火か失火かを突きとめる

火災鑑定の役割は、出火場所や出火原因を特定し、あわせて「放火」か「失火」か「自然発火」かを解明することです。２０１７年の全国総出火件数は３９３７７件で、出火原因の1位は「タバコ」の３７１２件、2位は「放火」の３５２８件となっています。しかし、「放火の疑い」が２３０５件となっており、「放火」と「放火の疑い」を合わせると、全体の14・8％を占めています（総務省消防庁防災情報室）。

火災現場では物的証拠が焼失していることがあり、原因の究明が非常に難しい場合があります。

そこで、**火災鑑定は、現場の焼け跡に残る燃焼状況から、燃焼個所⇒出火場所⇒発火部と帰納的《きのうてき》な方法で燃焼経路をたどり、何が原因であったかを綿密に解明していきます。**また、火災以前の状況、気象状況、消火従事者や火災発見者の証言から出火場所や出火原因を絞り込むこともできます。

放火の場合、発火装置や燃焼促進剤など、証拠物件の発見も重要となります。

証拠の「焼残物」の分析には、「ガスクロマトグラフ質量分析計（GC-MS）」を用いて分析します。この分析は、現場から採取した試料を熱し、試料から発生するガスを成分ごとに分離して計測することで、試料にガソリンや灯油が含有されていないかを調べます。焼残物の種類によっては数百万分の1グラムのごく微量の成分でも物質が特定できます。

肉眼では完全に燃え尽きていないように見える焼残物は、「**ALS**」で赤色光（６２５ｎｍ）を照射し観察すると、燃焼の深度が見分けられます。燃焼深度の差によって出火場所を絞り込め、その場所が不自然であれば放火の可能性が考えられます。

出火原因を突き止める

◆燃焼促進剤を特定する方法

○**燃焼残渣の分析**＝ガスクロマトグラフ質量分析計（GC-MS）

GC-MSで、揮発性成分の含有量を計測し、ガソリンや灯油の燃焼促進剤が存在したかを検査する。

【例】

火災現場の焼残物を計測したところ、灯油と同じ成分が含有しているデータが得られ、灯油が存在していたことがわかる。

◆ ALSで出火場所を突き止める

焼残物にALSで赤色の光を照射し、赤色ゴーグルをかけて観察すると、燃焼深度が読み取れる。

【例】

肉眼ではどちらも完全燃焼した焼残物を、ALSの赤色光を照射すると、②の中心部が白く光っていることがわかった。これは燃焼深度を表すもので、燃焼が表面で終わったことがわかる。よって②は火元から離れた場所のものである。

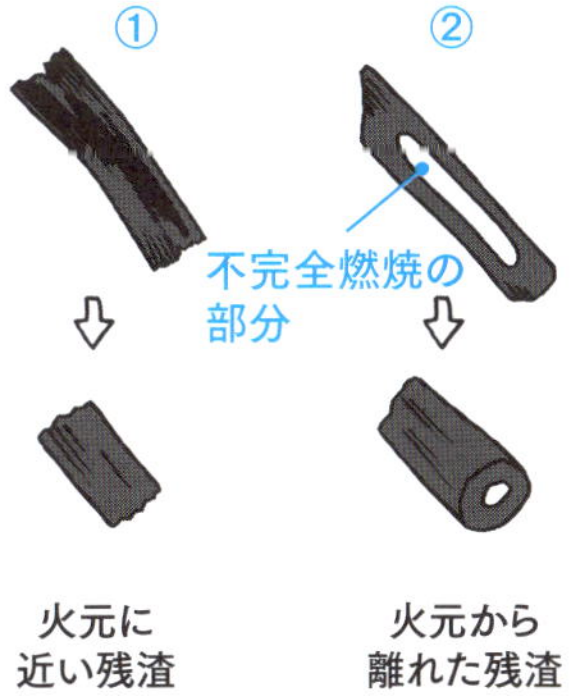

自殺か事故か

出入り口から離れた場所にある死体は、逃げようとする意思が無かったと思われ自殺。出入り口近くや窓の方向に見向いて倒れていれば、逃げる途中に力尽きた思われ事故死と推察される。

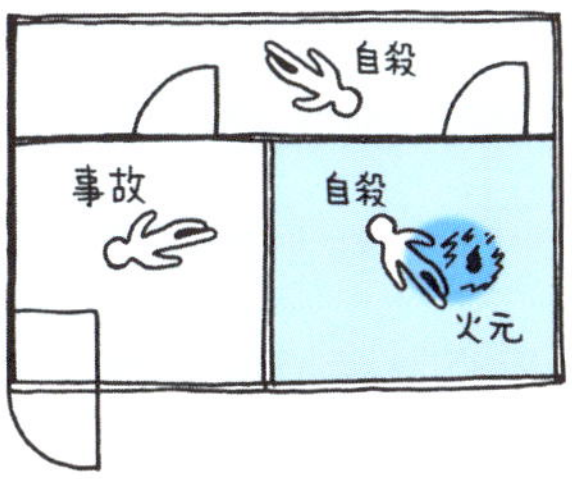

火災現場で、焼死体が見つかったときの位置でも原因解明の大きな手掛かりになるんだ！

コラム

ドライブレコーダーを事件捜査に活用

2017年6月、東名高速道路で夫婦が死亡した事故をきっかけに、あおり運転は大きな社会問題となり、警察庁は危険運転致死傷罪や暴行罪など、あらゆる法令を駆使《くし》して取り締まるよう全国の警察に指示しました。

その結果2018年1月～6月に道交法違反（車間距離不保持）容疑で摘発されたのは、全国で6130件と、前年同期比から倍増しました。

そのような中、2018年1月、殺意の立証が必要となる殺人罪が適用される「あおり運転事故」が起きました。大阪府堺市であおり運転の乗用車に追突されたバイクの男子大学生が死亡した事件です。裁判員裁判の初公判で、被告人は「あえて追突したわけではない」と殺意を否認しましたが、「衝突すれば死亡させるかもしれない」という未必《みひつ》の殺意の有無、殺人罪の成否が争点となりました。

大阪府警は被告人の車に車載された「ドライブレコーダー」のほか、近くを走行していた別の車のドライブレコーダーも分析し、被告人が被害者のバイクに追い抜かれてから追突するまでの1分間、約1kmにわたって、あおり運転の詳細を客観的な映像で裏づけたのです。このように、多発する自動車犯罪の解決に活用されているのが、「動く防犯カメラ」といわれる車載型画像記録装置の「ドライブレコーダー」です。

第7章

多発する脅威
乱用薬物・毒物鑑定

増え続けるサイバー犯罪

ネットワークを利用した犯罪が横行

犯罪者にとって、身分を明かさず、物的証拠を残さず犯罪を行えるネット空間は実に魅力的です。しかも、インターネットを利用している人であれば誰でも、知らない間に犯罪に巻き込まれてしまう可能性がある、そんな危険な空間なのです。

一方、科学捜査の網は確実に張り巡らされ、法の整備とともに、その技術も進化し続けており、警察白書によると、２０１８年のサイバー犯罪の検挙数は９０１４件で過去最多となっています。

サイバー犯罪とは「コンピュータ技術、電子通信技術を悪用した犯罪」と定義されています。この犯罪は大きく３つに分類することができます。

①コンピュータ、電磁的記録を対象とする犯罪②ネットワークを利用する犯罪③不正アクセス禁止法違反に抵触する犯罪です。これらの犯罪で、特に多いのはネットワークを利用する犯罪で、児童ポルノなどのわいせつ物頒《はん》布《ぷ》、フィッシング詐欺《さぎ》行為、楽曲の無断配信などの著作権法違反などとなっています。

サイバー犯罪の科学捜査は、まず使用された端末の特定です。プロバイダー（ＩＳＰ・ネット接続事業者）が一定期間保存している通信記録（ログ）を収集して分析し、端末の身元を特定できるＩＰアドレスをたどって犯行に使用された端末を特定し、次に端末使用者（被疑者）を特定することで、犯罪を立証するという流れです。しかし、最近は海外のサーバーを経由して日本の会員サイトに不正アクセスする事例も見られ、犯人を特定するのが難しいのが現状です。**怪しいサイトはクリックしない、これが最大の防止策です。**

サイバー犯罪とはどんなもの？

◆コンピュータ、電磁的記録を対象とする犯罪

■ホームページを改ざんする。
■銀行のオンライン端末を不正操作する。
■コンピュータウイルスを作成、送付して、
サーバーシステムをダウンさせる。

◆ネット利用犯罪

■インターネットオークションでの詐欺行為（偽物の販売など）。
■ネット掲示板で覚せい剤など違法物品を販売する。
■ネット上でわいせつ物をする（児童ポルノ頒布、所持）。
■ネット掲示板での犯罪予告、脅迫行為。
■ネットの掲示板で企業や個人への誹謗中傷を掲載する。

◆不正アクセス禁止違反

■他人の ID、パスワードを無断で使用する（なりすまし行為）。
■不正プログラムを使用し、ネットワークの弱点を突いて不正使用する。
■フィッシング詐欺サイトの開設。

◆サイバーインテリジェンスの手口

国家・組織・企業に対し機密情報の摂取《せっしゅ》をする。

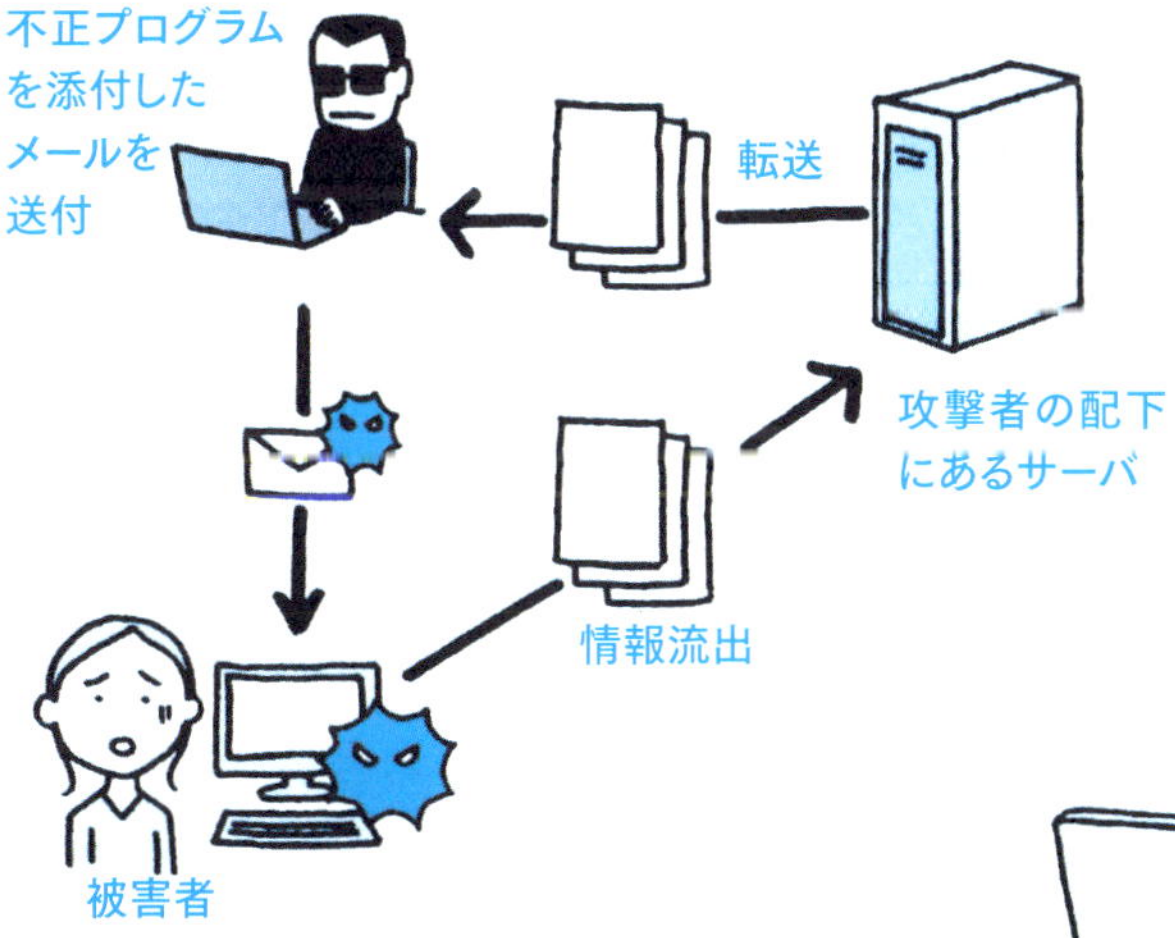

〔例〕
2017 年、フランス大統領選挙に関連し、マクロン候補（当時）の陣営がサイバー攻撃を受け、大量の資料情報がインターネット上に流出した。

＊都道府県警察本部のサイバー犯罪相談窓口
http://www.npa.go.jp/cyber/soudan.htm

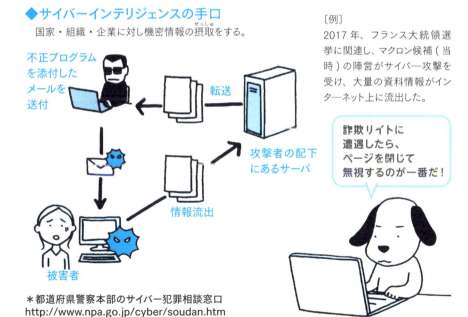

若者にはびこる薬物の乱用

覚せい剤、大麻、麻薬などの依存性薬物

薬物犯罪は世界的に大きな社会問題です。使用者の健康被害だけでなく、幻覚や妄想《もうそう》などの精神障害をきたすことにより、殺人事件などの凶悪な犯罪を引き起こしたり、購入資金欲しさから強盗などの犯罪に走ったりすることもあります。

薬物犯罪における科学捜査は、まず押収した物件が覚せい剤や麻薬なのかを鑑定し、被疑者が薬物を所持・使用しているかどうかを証明することです。

日本で最も乱用の多い薬物は「**覚せい剤**」です。覚せい剤は化学合成によってつくられる人工的な薬物で、中毒症状が強く、「メタンフェタミン」と「アンフェタミン」が一般的です。他に、よく知られている薬物には、「**大麻**《たいま》」、「**麻薬**」、「**コカイン**」があります。大麻は大麻草から抽出される薬物で葉を乾燥させたものを「**マリファナ**」、樹脂を固めたものは「**ハッシュ**」と呼ばれ、コカインはコカの葉に含まれる化合物で、無色無臭です。

テレビドラマや映画のように、捜査官が白い粉をなめて薬物と判断することはなく、実際は、変色をともなう呈色《ていしょく》反応を利用した「**予備検査**」を行って、その後、ＧＣ-ＭＳなどの機器を使って「**確認検査**」をすることで鑑定が行われます。

錠剤型の麻薬や覚せい剤は海外から持ち込まれ、合成麻薬ＭＤＭＡ（別名・エクスタシー）は年々押収量が増えています。法務省の犯罪白書によれば、２０１６年の押収量は、覚せい剤が前年の約３・５倍、乾燥大麻が約１・５倍、ＭＤＭＡなどの錠剤型合成麻薬が約４・８倍と急増しています。薬物犯罪はほとんどが密売グループによる組織的犯罪であり、密売流通経路を明らかにすることが重要です。

多様な薬物の種類と症状

◆覚せい剤（覚せい剤取締法）

化学合成によってつくられた人工薬物。メタンフェタミンとアンフェタミンがよく知られている。「シャブ」ともいわれる。幻想や妄想など強い中毒症状を起こす。注射による摂取が多い。

大麻の元、アサ科の植物（大麻草）

◆大麻（大麻取締法）

アサ（大麻草）から抽出される薬物。葉や花穂を乾燥させた乾燥大麻（マリファナ）と樹脂などを固めた液体大麻（ハッシュ）がある。多幸感、陶酔状態になる。吸引による摂取が多い。

コカイン

◆麻薬（麻薬および向精神薬取締法、あへん法）

● **コカイン**　コカの葉から抽出するアルカイド成分。興奮や多弁、疲労感の減少などの中毒症状を起こす。鼻から吸引する。

● **アヘン／ヘロイン**　ケシに含まれるアルカイド。鎮静効果がある。ケシの栽培としてかつてはタイの黄金の三角地帯（ゴールデン・トライアングル）が有名。アヘンは吸引、ヘロインは注射での摂取が多い。

● **MDMA**　別名エクスタシーといわれる合成麻薬。覚せい剤と類似した化学構造を持ち、幻覚や興奮作用を起こし、脳や神経系を破壊する。

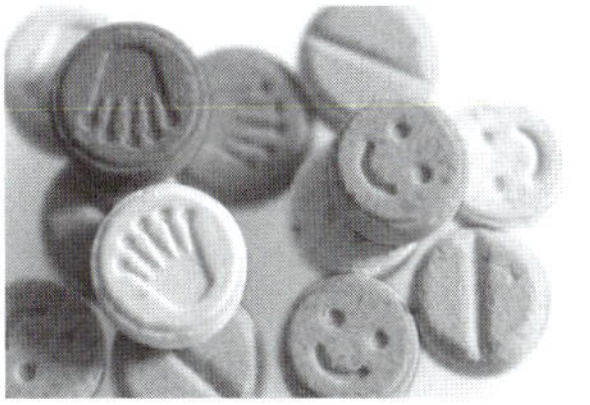
MDMA

◆薬物の捜査

押収した薬物の分析 → **薬物摂取証明** → **入手経路の追跡**

インターネットや
宅配便を利用するなど、
密売方法の手口が
潜在化しているので
気をつけよう！
POLICE

尿や毛髪から薬物を検出する

予備検査と確認検査で種類、使用実態を確認

薬物犯罪の場合、薬物の所持や使用の証明が必要です。そこで、押収物が薬物かどうか、また、逮捕者が実際に薬物を使用しているかを確認しなければなりません。そこで、まずは簡易な「**スクリーニングテスト（予備検査）**」をします。規制薬物使用の有無を一括で確認する簡易検査で、このテストで陽性を示した場合、「**確認検査**」を実施します。一般的には尿を用いて検査しますが、場合によっては唾液、毛髪、汗などの検査もします。

尿からは使用後おおよそ5日であれば検出可能だとされています。もちろん、摂取期間や量によって変わります。一方、毛髪は数年間有効で、過去の薬物服用歴を推定することができます。個人差はありますが、毛髪は1ヵ月あたり1センチメートル強伸びるので、毛髪を分割して分析することで使用頻度やおおよその使用期間が推定できるのです。**確認検査は「ガスクロマトグラフィー質量分析（GC-MS分析）」を行います。**

現在、最新の科学捜査に用いられる分析装置はng（ナノグラム＝10億分の1グラム）単位の薬物でも検出可能ですが、最近は「**危険ドラッグ**」などの規制対象の薬物が増えていることから、分析には細心の注意が必要で、鑑定には高い技術力と知識が求められます。警察以外では、「**厚生労働省地方厚生局麻薬取締部（通称・マトリ）**」にも鑑定室があり、検査・鑑定が行われます。

マトリの約半数は薬剤師です。特別司法警察官としての権限を持っていて、拳銃などの武器携帯や強制捜査（ガサ入れ）などの権限を持ち、麻薬関連の犯罪捜査や取締りを実施しています。

薬物検査の手順

検査資料のチェック
検査資料は被検者同意のもと、捜査官が立ち会って採取する。

↓

スクリーニングテスト
専用のスクリーニングキットに尿を滴下し、反応を確認する。

↓

確認検査
ガスクロマトグラフィー質量分析計（GC−MS 分析）によって、薬物（化学構造）を特定する。

ガスクロマトグラフィー質量分析計
化学構造に基づき分離し（GC）、質量の違いから分析する（MS）分析器。火災現場の油成分や毒物の鑑定にも使用される。

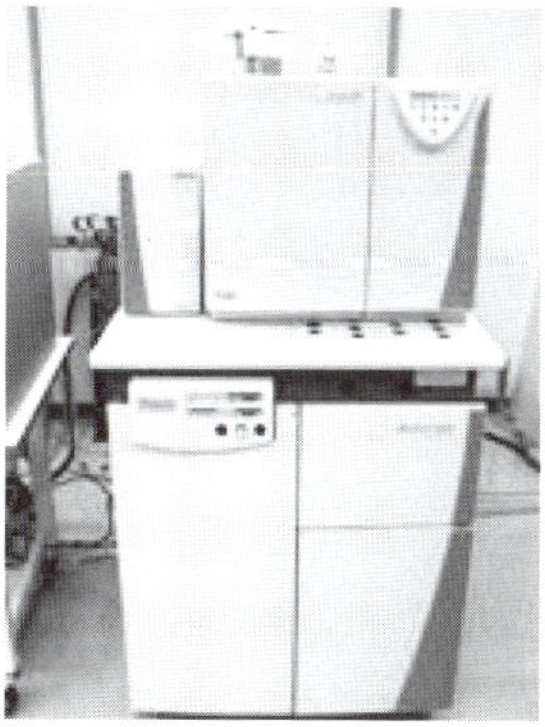

毛髪による検査の手順

①表面の汚染を洗剤やメタノールで除去する。
②アルカリで溶解後、有機溶液で抽出。
③ GC − MS で測定して確認する。

◆セルフチェックができる「薬物検査キット A10」

手軽に薬物の検査ができる、検査キット。一度の検査で最大 10 種類の薬物検査が可能。

〔問合わせ〕法科学鑑定研究所　http://alfs-inc.com/

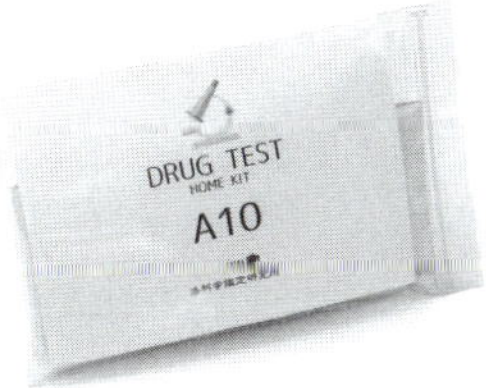
DRUG TEST
HOME KIT
A10

危険ドラッグは
合法ハーブ、お香、アロマ
と称して販売されている
から充分に注意しよう！

多種多様な毒物が氾濫する社会

毒物の種類から入手経路の特定をする

古くから殺人の手段として使われてきた毒物ですが、時代によって毒物にも変遷《へんせん》がみられます。

古代・中世では金属や動植物などの自然毒が利用されてきましたが、**現在では膨大な数の化学物質が生活の中で用いられるようになり、犯罪に使われる毒物も多種多様になっています。**

「ヒ素」、「青酸カリ」による毒殺は、今では古典的な殺害といわれていますが、日本でも戦後間もないころ、青酸化合物が頻繁《ひんぱん》に使われました。

青酸カリや青酸ソーダは、胃酸などの酸と混ざると猛毒の青酸を発生させ、わずか0・2gの青酸カリを飲むだけで瞬時に死に至る猛毒です。

青酸カリは1948年の「帝銀事件」で使用され、12人が毒殺されました。また、怪人21面相を名乗る犯人が青酸ソーダを混入した菓子をばらまいた「グリコ・森永事件」（1984〜5年）は社会を混乱に陥《おとしい》れました。

高度成長期に入ると、農薬による中毒死が増え、「名張毒ぶどう酒事件」（1961年）では、ワインに有機リン系の農薬である「テップ」が混入され5人が死亡しました。このように、犯罪に使われた毒物は時代とともに変化して、多様化が進んでいます。

毒の抽出方法はさまざまですが、規制薬物と同様に、まずは、中毒症状や簡易検査の結果から薬物を推定し、機器分析で毒物を特定します。揮発性毒物（青酸化合物、シンナーなど）は「**ガスクロマトグラフィー質量分析**」を、不揮発性物質（ヒ素、アコニチンなど）は「**高速液体クロマトグラフィー質量分析**」で検査をして毒物の鑑定を行います。

毒物とは？

◆毒物の定義

毒薬・劇薬を含めて、外部から経口的あるいは吸入や注射によって生体に入ると、生体組織に損傷を与え、機能障害を起こさせ、ついには死亡させる作用を持つ物質の総称（ブリタニカ国際百科事典より）とされ、具体的な物質名は「毒物および劇物取締法」で指定されている。毒性の強いものが毒物で、やや弱いものが劇物。

◆主な毒物の種類

○青酸カリ（シアン化カリウム）

青酸カリが胃の中に入ると、シアン化水素という、猛毒になり、細胞の呼吸を止めてしまう。致死量は、0.2グラムといわれ、数分で死に至る。解毒剤は亜硝酸アルミの吸入。

○ヒ素

あらゆる生物がこのヒ素を含有している。毒性があるのは無機ヒ素で、推定致死量は体重1kgにつき2～3mg。急性中毒の初期症状は、嘔吐《おうと》、腹痛、下痢、血圧低下などが認められる。

トリカブトの花

○トリカブト

キンポウゲ科の多年草の植物、主な毒性分は有毒物資の「アコニチン」。根に多く含まれ、食べると嘔吐、呼吸困難、臓器不全から死に至ることもある。

○農薬

毒物、劇薬に指定されているものは少ないが、虫（殺虫剤）や植物（除草剤）を殺す農薬は、使い方によっては毒薬ともなる。

和歌山の毒物カレー事件はもう20年過ぎたが、犯人はまだ無罪を訴えている。毒物事件は特定が難しい！

生物化学兵器の脅威

サリン、ＶＸ、炭疽菌をばらまいた事件

生物化学兵器は「**貧者の兵器**」と呼ばれることがあります。それは、つくる人の能力と安価な機材があれば、誰にでも手にすることができるからです。ところが、その威力は無差別の大量殺戮《さつりく》をも可能とします。しかし、国家や大きな組織団体はこの兵器を使わないでしょう。なぜなら、敵味方を問わず被害を出す可能性があり、国土を汚染する危険すらあるからです。相手を倒しても、その場所を支配したり、占拠《せんきょ》したりすることができなくなる恐れがあるからです。ところが、世界を滅ぼすことを目的とする終末思想を持った新興宗教団体による「宗教テロ」や、自分が生き残ることを望まない「個人テロリスト」となると、その推測は適用できません。

世界的に有名で最大ともいえる化学兵器によるテロ行為は、１９９５年３月、新興宗教団体オウム真理教による「**地下鉄サリン事件**」です。神経ガス兵器の「**サリン**」が地下鉄の車内に散布され、乗客や駅員ら12名が死亡、５５１０名が重軽傷を負いました。また２０１７年マレーシアの空港で金正男が暗殺されたのは、猛毒の神経剤「**ＶＸ（ヴイエックス）**」で、人類が開発した化学物質で最も毒性の強い物質とされています。

他にも、２００１年、同時多発テロ直後のアメリカで、「**炭疽《たんそ》菌**」を使ったバイオテロが起こりました。郵便物をメディア関係者や民主党議員に送りつけ、11名の被害者を出し、そのうち5名が死亡した事件です。こうした状況を踏まえ、各都道府県の警察では、万一テロが発生した場合に備えて、「**特殊部隊（ＳＡＴ《サット》）**」、「**ＮＢＣテロ対応専門部隊**」という部隊を設置し防衛を強化しています。

人類最強の神経ガス・サリンとVX

◆サリン事件の概要

新興宗教教団オウム真理教が有毒ガス「サリン」を使用し、起こした無差別殺人事件。① 1994 年 6 月、長野県松本市で死者 7 名、200 名以上の重軽傷者を出した。② 1995 年 3 月、東京の地下鉄で、通勤時間を狙い 5000 名以上の死者、重軽傷者を出した、犯罪史上類を見ない事件。現在もまだ後遺症で苦しむ人々がいる。

◆サリンとは

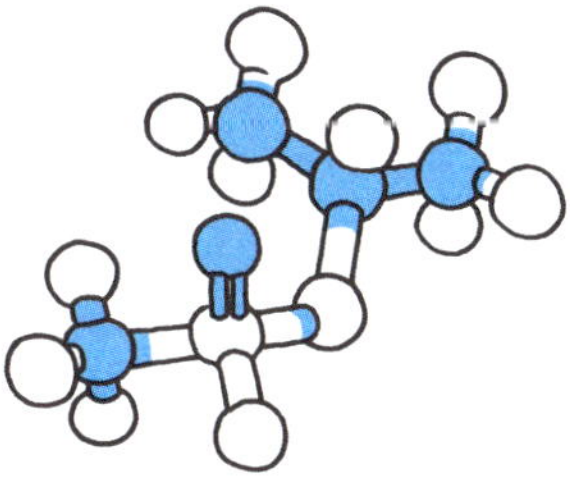

1038 年、ナチス・ドイツで開発。有機リン化合物の神経ガス。無色無臭の液体で、気化して人体に吸入されると、強力な破壊力で神経を壊す。膀胱の収縮⇒大量の汗、涙、鼻水が出て頭痛・吐き気⇒けいれん、失禁、意識障害⇒昏睡、呼吸停止となる。致死量は 1 ミリグラムといわれている。

◆サリンと VX の違い

ともに毒性の強い神経ガスだが、VX の毒性はサリンの約 20 倍といわれる。揮発度はサリンは水と同じ程度。VX はほとんど揮発しない。そこで、サリンは室内、地下鉄などの閉鎖空間の使用により効果がある。逆に VX は人が集まる野外に散布されると、恐ろしい状況を生む。

サリン・VX の対処方法

最初にすることは、水で現場を洗い流すこと。水に触れると分解して毒性が消える。
また、呼吸で肺から入る以外に皮膚からも直接吸収されるので、全身を覆うことが大事。

警察のテロ対策専門部隊の
「NBC」とは、N（核）、B（生物）、
C（化学）の頭文字をとったんだ！

発射された弾丸の痕跡から銃を特定

射撃残渣や線条痕で犯人を特定する

犯罪でよく使われている銃は、ブローニングやトカレフなどです。弾丸は、発射薬（火薬）が詰められた薬莢《やっきょう》（ケース）に収められて、薬莢には火薬に火をつける雷管（点火薬）があります。引き金を引き撃鉄で雷管《らいかん》を撃ったときの火花で発射薬に点火、その燃焼の衝撃で弾丸が飛び出します。これが銃のしくみです。

このとき、点火薬や発射薬の一部（射撃残渣《ざんさ》）が犯人の手や衣服に残り、射手を特定するときの、大きな要因となります。

現場に弾痕が残されている場合は、ライフリングの線条痕《せんじょうこん》（擦過痕）を調べます。ライフリングとは、弾丸が真っ直ぐに飛んでいくように刻まれた、銃身内にある螺旋状《らせんじょう》の溝のことです。

この線条痕は、同じメーカーの同じ種類のものでもまったく同じにならないので、弾丸を打ち出した銃を特定する上で重要な証拠となります。

その弾丸が同じ銃から発射されたものかどうかを確認するには、実際に実弾を撃つ、「弾丸発射実験」で弾丸に刻まれた線条痕と現場で見つかった弾丸を、比較顕微鏡で検査して確認します。過去の発砲事件で使用された弾丸の痕跡は科学警察研究所が、画像データとして登録していますので、「**発射痕鑑定システム（B《ビ》IR《リ》Iシステム）**」で調べて、過去に発生した未解決事件に使用されたものかどうかなど照合すれば、犯人や入手ルートを絞ることができます。また、被害者の銃創《じゅうそう》（銃で負った傷口）の状態でも銃の種類がわかり、法医学的に撃たれたときの射撃距離も推測できるといいます。

線条痕で犯人を特定する

◆弾丸の構造

先端は弾頭といい、目標に向かい飛んで行く部分。薬莢には、発射薬、雷管（点火薬）が組み込まれている。撃鉄で雷管を撃って、発射される。

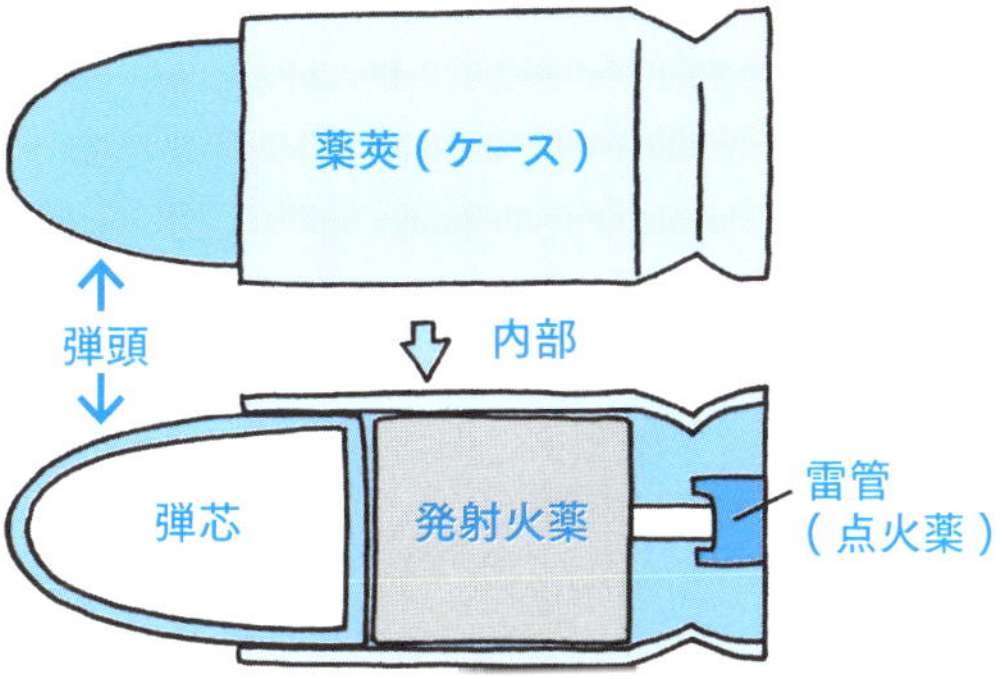

◆銃身に刻まれているライフリング

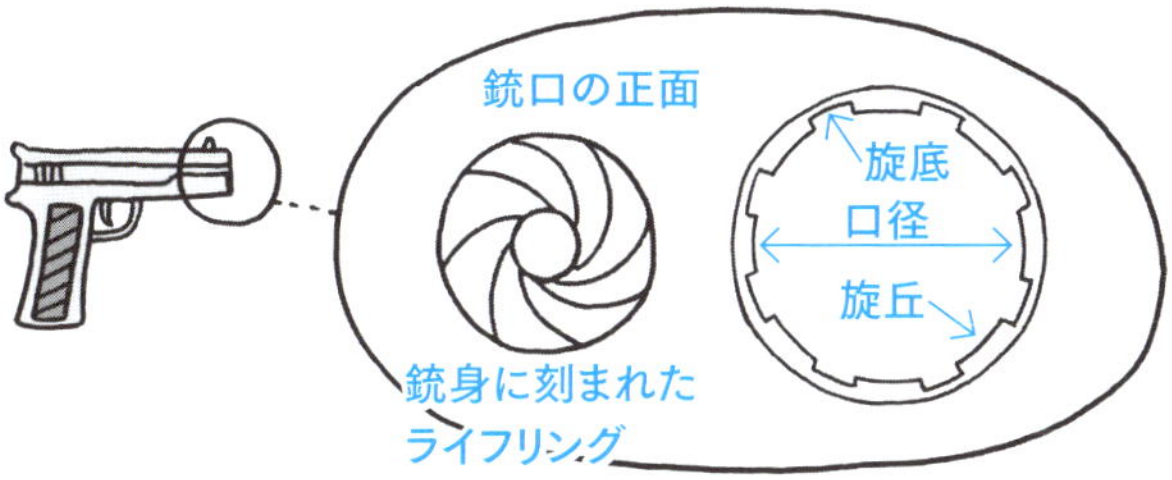

銃身内に施された、螺旋状の溝で、浅い溝で弾丸に旋回運動を与えて、直進性を高める。弾丸のライフリングの線条痕は各銃で微妙に異なり、銃の種類を特定する。

BIRIシステムの“ビリ”は
先進国の中で導入が
一番最後になった
自戒からだよ！

口径とは？

銃の口径とは銃身の内径（≒弾丸の直径）のこと。インチ（1インチ=25.4ミリ）を使用して表記する。日本の警察が使用している拳銃のニューナンブM60は.38口径(0.38インチ）である。

世界で起きる爆弾テロ犯を追う

爆発残渣の痕跡から犯人像を割り出す

爆発物を使用した犯罪は、無差別な殺戮《さつりく》と破壊をもたらすため、極めて凶悪な犯罪といえます。

爆発物の科学捜査は、**爆発現場に残された爆発残渣から爆発物の種類や量を特定、そこから犯人像を割り出します。**爆発現場では、爆心（爆発の中心）にできる「**漏《ろう》斗《と》孔《こう》（爆発のクレーター）**」というすり鉢状の孔《あな》ができます。この孔の大きさを計測することで爆発力の大きさが推定できます。

また、未燃焼の残留火薬や燃焼生成物の付着した破片などの爆発残渣を探し、破片化の程度や飛散状況によって、使用された爆発物は火薬か爆薬か、爆発物の種類は何か、量はどのくらいかを推測します。現場で採取した爆発残渣は、電子顕微鏡などで外観を検査する他、「**マイクロアナライザー**」や「**ガスクロマトグラフィー質量分析**」などの分析機器で成分分析を行います。**今では分析機器が高性能化し、火薬類の分離・濃縮技術の進歩により、ナノグラムレベルの火薬でも検出でき、成分の違いで爆発物の種類が特定できます。**さらに、拾い集めた膨大な破片から使われた物質を割り出し、同じ爆発物をつくり、再現実験をします。

１９８５年、成田空港の手荷物が爆発し、その爆発からすぐ後、大西洋上を飛行していた飛行機が突然爆発、搭乗していた乗客乗員３２９人全員が死亡するという大惨事が起きました。爆発物の成分を「X線回折法」という検査法によって分析、両事件とも、インドのシーク教徒のテロと判明したのです。

２０１３年のボストンマラソン爆弾テロ、２０１５年のパリ同時多発テロ（自爆テロ）と今や爆弾事件はいつ、どこで起きても不思議ではないのです。

爆発現場を把握する

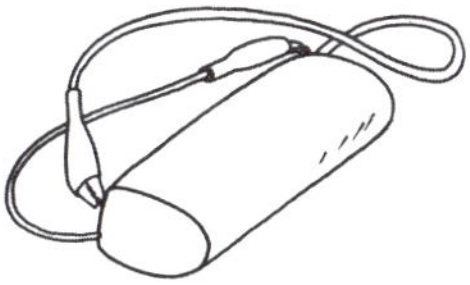

プラスティック爆弾

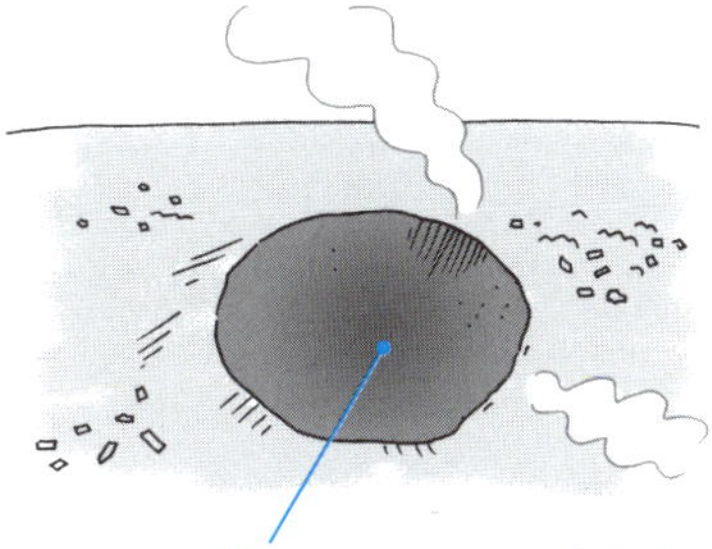

◆爆発現場捜査の手順

爆発物の特定

①漏斗孔（爆発のクレーター）を見つける

↓ 爆心ポイントを特定し、クレーターの大きさで威力を想定する。土中の残渣の成分を検査。起爆装置や時限装置の破片、未反応の成分から種類を推定。

②爆発残渣を探す

↓ 破片の飛散状況、爆発物の破片などで種類や量を知る重要なサンプルとなる。

③爆発残渣を採取、分析、爆発物の種類を特定

↓ 爆弾残渣を電子顕微鏡などで外観を検査する他、マイクロアナライザーやガスクロマトグラフィーなどの分析機器で成分分析、種類を確定する。

④爆弾の再現

飛び散った膨大な破片から爆弾に使われた物質を割り出し、組み立て、再現する。これまでに見つかった爆弾の装置と比較検討し、犯人やグループを特定する判断材料となる。

爆発反応による分類

爆燃〔火薬〕　一部が燃焼すると、燃焼した熱で順次爆発物質が反応する爆発。音速程度の燃焼。ロケットの推進薬、猟銃発射薬、導火線に使われる黒色火薬、花火など。

爆轟《ばくごう》〔爆薬〕　爆発的に燃焼し、火炎の伝播《でんぱ》速度が音速を超え、先端部は衝撃波を伴う爆発。ダイナマイト、プラスティック爆弾、TNT（トリニトロトルエン）など。

ぼく（爆発物探知犬）では自爆テロを防ぐのはなかなか難しい。そこで犬にも「次世代爆発物探知犬の育成」が急がれているんだ！

コラム

変わりつつある警察の捜査システム

複雑多様化する犯罪に対して、今、各国の警察関係は次世代防犯システムの開発に取り組んでいます。その筆頭がAIを導入したシステムの構築です。すでに、イギリスの警察ではAIを使って、大きな事件が起きる予想をたてるプロジェクトを立ち上げました。実に、事件を犯す可能性のある犯人までを予想しようというのです。もちろん、事件が起こる前に逮捕なんてことはありませんが、解決しなければならない問題もまだあるようです。

中国ではAIを全面的に取り入れた「AI警察署」の建設構想が発表されました。すでにアメリカではAIが警察官のパトロールコースを指示するなどの活用も始まって、実績を上げています。無人パトカーやパトロールもAIが行う時代もすぐでしょう。

日本の警察庁も、防犯カメラに映った不審車両や不審人物の判別や疑わしい禁輸取引の分析などAIを活用した捜査の導入システムの実証実験を始めました。一方、警視庁の「捜査共助課見当たり捜査班(通称ミアタリ)」というセクションは、氏名手配の人相を頭に叩き込み、雑踏から探し出す職人技のセクションですが、今なお人間の高い能力が、高い成果を上げているのです。いわゆる刑事の勘をフルに使っての捜査ですが、顔認識だけでは追えない刑事の眼力がものをいうのでしょう。新旧の力が合わさり、安全が確保されています。

AIロボットが捜査官を
指示する時代が来るかも！

第8章

これからの科学捜査

進むゲノム解読

ＤＮＡ型鑑定法は、現在の犯罪捜査において、なくてはならないものとなっています。ＤＮＡ型鑑定ほど高い個人識別能力を持った科学鑑定は今のところ他にはありません。２００３年に人間の全遺伝子（ゲノム）の解読がなされて以来、各方面の研究は進み、クローン動物の誕生、遺伝子組み換え食品の出現、ついにはゲノム編集で双子の女の子を誕生させたという報道もなされました。

ゲノム編集とは、人や動物・植物などの標的遺伝子を改変することで、生命の設計図を生まれる前に変えてしまうという衝撃的な出来事です。

科学捜査鑑定の分野においても、ＳＮＰの活用（46ページ参照）により高度で幅広い鑑定法が開発されています。このＳＮＰを使って、犯人の人種をある程度まで絞り込むことに成功しています。

ＤＮＡで犯人の顔を再現する

オランダのある大学医療センターでは、人間の顔立ちを形成する要因となる遺伝子の研究が行われており、すでに、５つの遺伝子が顔立ちの形成に関係することを明らかにしました。近い将来、犯罪現場から採取されたＤＮＡから犯人の顔を再現し、指名手配写真として掲示される日も遠くないでしょう。

指紋採取・鑑定の新兵器

Livescan、３Ｄ指紋認証システム

従来、被疑者の指紋は専用インクを使用して紙に採っていました。**「Livescan《ライブスキャン》」という最新技術は、スキャナーの技術を用いて指紋を直接手から素早く写し採るものです。**ガラス表面に押しつけた指紋にレーザーを照射して、指紋を画像化するので、複数の指紋を同時に採取することも可能です。また、インクで手も汚れず、取り直しも簡単で、採取した指紋は直接コンピュータに入力されるため、素早くデータベースに反映させることができます。

アメリカのＦＢＩが指紋業務の効率化を狙い、開発した自動指紋識別システムＡＦＩＳ（32ページ参照）の携帯版ＡＦＩＳと連動させれば、犯行現場などでリアルタイムに身元確認や遺留指紋の照合が可能になるため、捜査のスピードアップに貢献することができます。

「３Ｄ指紋認証システム」は、指紋を立体的に読み取るもので、指先が汚れていたり、汗をかいていたり、条件の悪い状態でも、平面指紋より精細な指紋画像を採取できます。

科学警察研究所では、紫外線から赤外線までの各種レーザーと高速光検知器を組み合わせた「時間分解分光画像法」を開発しています。

指紋に付着した物質の蛍光を抑えて、指紋の蛍光のみを効率よく検出し、可視化するシステムです。

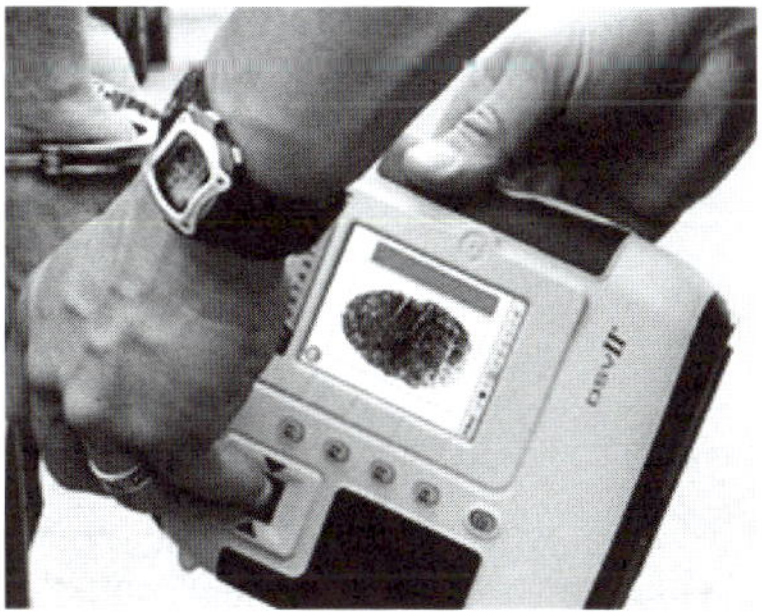

モバイル AFIS

イラストや記号の偽造も見破る「Cyber-Sign」

空中でのペンの動きからスピードまで分析

筆跡鑑定の最先端技術であるのが個人認証システム「Cyber-Sign《サイバー・サイン》」です。すでにスマートフォンの画面解除に手書きのサインを使用する、Androidのアプリなどで一般に利用されています。

従来の書き癖を鑑定人の経験から筆者を識別する手法と異なり、サインの形状、筆圧、書き順、空中でのペンの動き、ペンのスピードなどを、X座標、Y座標ごとのストロークと筆圧で総合的に分析して自動的に個人識別を行うシステムです。

英字・漢字・記号・イラストも認識が可能です。加齢による書き癖変化も自動的に学習するので、書き方が多少変化してもかなりの確率で認証ができます。どんなに巧妙にサインを真似ても、字形以外の特徴についても識別を行うため、盗用はほとんど不可能だといわれています。

カードやパスワードにつきものの盗用の問題を解決し、強固なセキュリティを確保できることから、今後はカードレス・カードシステムの構築に注目されています。もはや、SF映画の世界は空想ではなく、次々と現実のものとなっているようです。

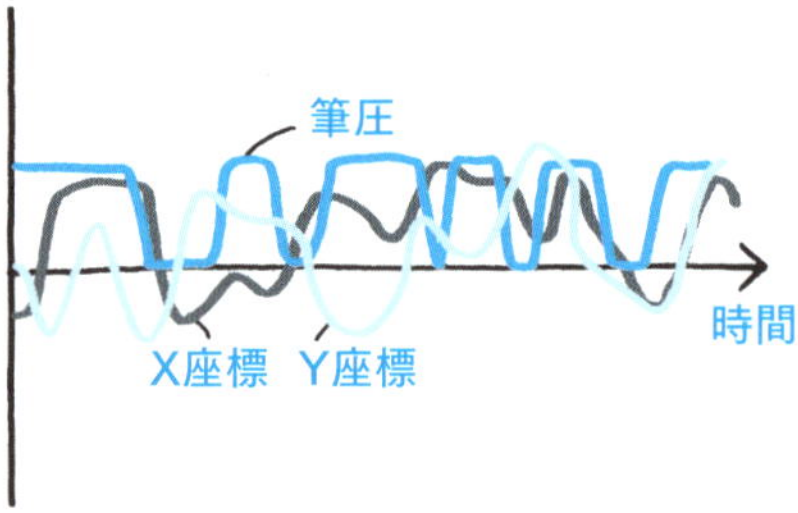
筆圧
時間
X座標
Y座標

＊X座標軸、Y座標軸のペン動きと筆圧によって個人認識を行う。

犯罪が巧妙化するので科学捜査もどんどん進化するよ！

捜査の新しい波、コムスタットとテラヘルツ波

AIも導入する防犯システム

犯罪管理システムとして注目を浴びている、「**コムスタット（Comstat）**」とは、GIS（地理情報システム）と蓄積した過去の犯罪情報を分析し、次の事件が発生する場所や時間を予想するシステムです。イギリスではすでにAIを導入したこのシステムの活用を目指し（120ページ参照）、神奈川県警も神奈川版コムスタットで不審者を痴漢（県迷惑行為防止条例違反）で逮捕する実績を上げました。「**テラヘルツ波**」という電磁波は、電波と光波の中間帯にあります。テラヘルツ波はさまざまな物質を透過しやすい特徴を持つため、透過の度合いによってその物質が何であるかを接触することなく判別可能です。荷物を外側から探知できるので、金属探知機やX線探査では見破られないテロや犯罪の防止に役立ちます。

テラヘルツ
周波数による分類

周波数	種類	使用例
100p	X線	レントゲン
10P	紫外線	ブラックライト
100T	赤外線	リモコン
1～10T	テラヘルツ	
100G	ミリ波	レーダー
10G	SHF	衛星通信
1G	UHF	携帯電話
100M	VHF	テレビ

M：メガ、G：ギガ、T：テラ　P：ペタ

コムスタット

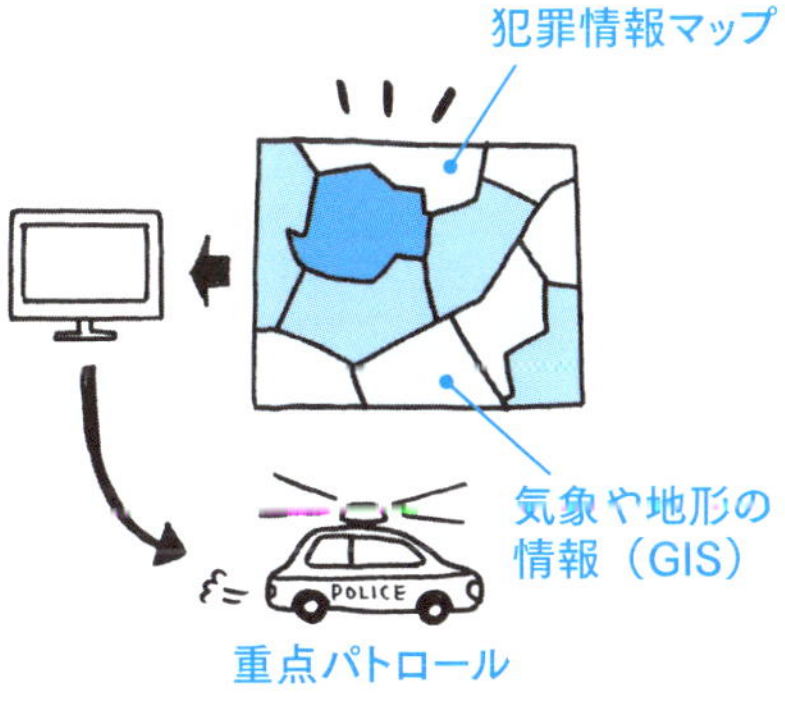
犯罪情報マップ
気象や地形の情報（GIS）
POLICE
重点パトロール

コムスタット（Comstat）

コンピュータ（Computer）と統計学（Statistics）を合わせた造語。

被検者の生理反応を探る、ポリグラフ検査

呼吸波、血圧、皮膚電気反応を検査する

人間は感情の変化によって汗をかいたり、鼓動が高まったりします。そんな無意識のうちに現れる体の微妙な変化を測定し、記録するのが「**ポリグラフ**」です。ポリグラフとは「たくさんの記録」という意味があります。俗に〝うそ発見器〟といわれているので、被検者の返答が真実かうそかを判定する装置だと思われていますが、正確にはうそをついてストレスを感じている人に共通する生理学的な反応を読み取るものです。**主に呼吸波、血圧、皮膚電気反応、脈波などが検査されます。**科学警察研究所には、合計20チャンネル以上の生理反応データの計測と解析ができる装置が設置されています。明確な化学反応ではないため、裁判で証拠として採用された例は少ないのですが、研究は年々向上しており、さらなる進化を遂げる日は近いはずです。

ポリグラフの装置

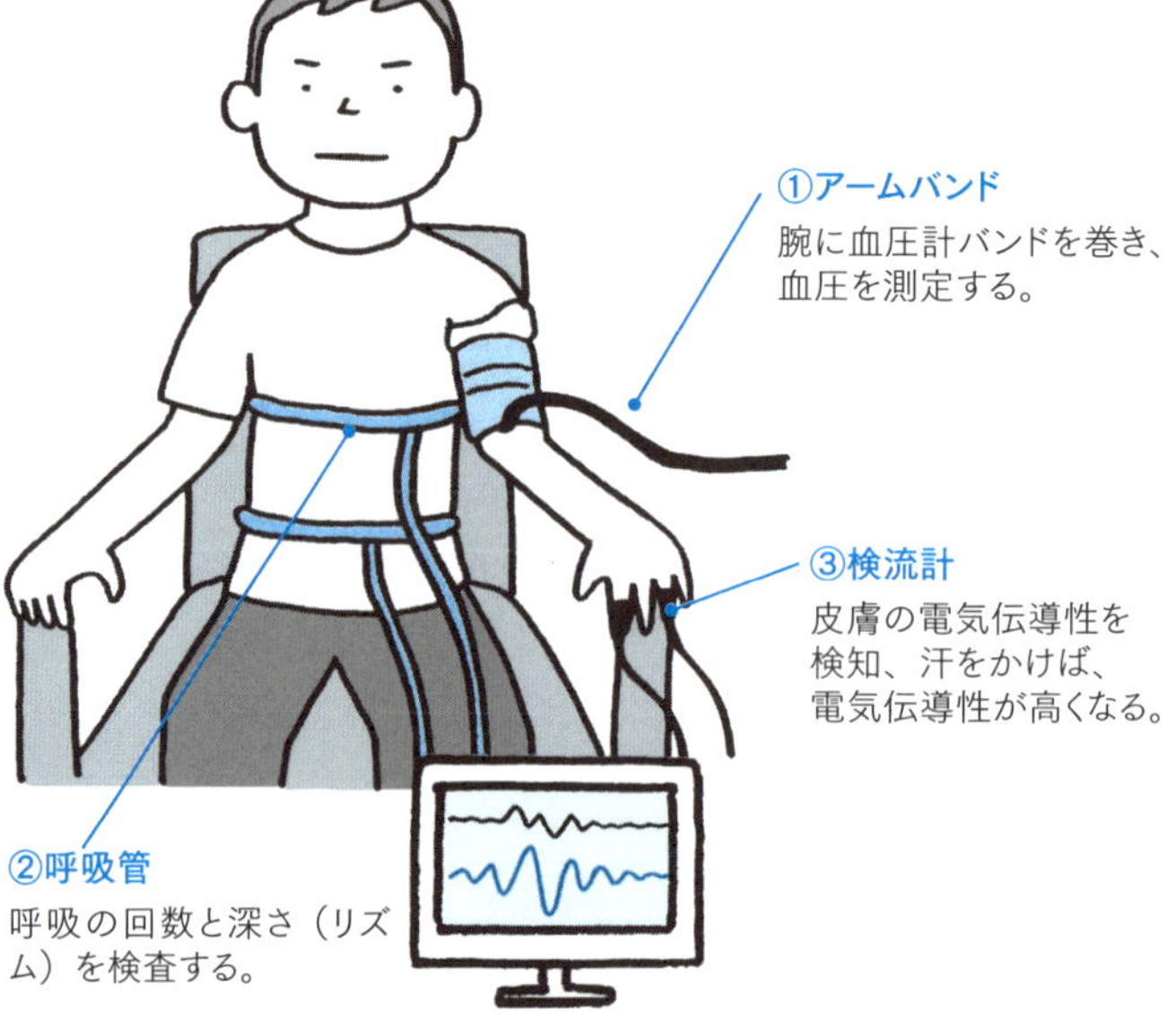
①アームバンド
腕に血圧計バンドを巻き、血圧を測定する。
③検流計
皮膚の電気伝導性を検知、汗をかけば、電気伝導性が高くなる。
②呼吸管
呼吸の回数と深さ（リズム）を検査する。

監修者紹介

法科学鑑定研究所㈱代表取締役

山崎 昭（やまざき あきら）

法科学とは、犯罪における問題を〝科学と技術〟に基づき研究し、解決する学問であり、日本有数の民間科学鑑定機関である法科学鑑定研究所の代表を務める。日本法科学技術学会正会員。科警研、科捜研のＯＢや、各方面の科学鑑定の専門家・研究者を組織し、裁判所、検察や警察などの官庁、弁護士、企業、個人などからの依頼により、年間800件を超える鑑定を行っている。また、『Mr.BRAIN』、『相棒』『ガリレオ』『絶対零度』『アンナチュラル』『トレース～科学捜査の男～』などの人気テレビドラマの科学捜査指導や監修も担当。主な著書に『あの事件の犯人は、これで浮かびあがった！科学捜査』（主婦の友社）、『犯人は知らない科学捜査の最前線！』（メディアファクトリー）などがある。

監修協力スタッフ（法科学鑑定研究所 株式会社）
山崎ﾏﾘｰｸﾘｽ　櫻井俊彦　冨田光貴　古山翔平
清野優花　石村 龍　益滿菜々
http://alfs-inc.com

編集スタッフ
カバー・本文デザイン：大屋有紀子（VOX）
イラスト：坂木浩子
執筆：福島茂喜・田川妙子（㈱アイ・ティ・コム）
編集協力：石田昭二
写真協力　法科学鑑定研究所㈱
写真提供　PIXTA・産経新聞社

●参考文献

『科学捜査』監修：法科学鑑定研究所（主婦の友社）、『最新科学捜査がわかる本』監修：法科学鑑定研究所（イースト・プレス）、『犯人は知らない科学捜査の最前線！』監修：法科学鑑定研究所（MEDEIA FACTORY）、『証拠は語る』著：須藤：武雄（日本文芸社）、『警視庁科学捜査最前線』著：今井良（新潮新書）、『図解雑学科学捜査』著：長谷川聖治・監修：日本法科学鑑定センター『警察科学捜査最前線』（別冊宝島）

証拠は語る！〝真実〟へ導く！

図《ず》解《かい》　科《か》学《がく》捜《そう》査《さ》

2019年6月1日　第1刷発行

監修者　山崎《やまざき》 昭《あきら》
発行者　中村 誠
ＤＴＰ　株式会社公栄社
印刷所　図書印刷株式会社
製本所　図書印刷株式会社
発行所　株式会社 日本文芸社
〒101-8407　東京都千代田区神田神保町 1-7
TEL.03-3294-8931［営業］、03-3294-8920［編集］
URL https://www.nihonbungeisha.co.jp/

Printed in Japan 112190521-112190521 Ⓝ 01 (300014)
ISBN978-4-537-21692-9
（編集担当：坂）